Raus hier!

Der System-Exit mit Boden & Bitcoin.

AF208484

RAUS HIER!

Der System-Exit
mit Boden & Bitcoin.

How to HOCHKULTUR POCKET

Bibliografische Information der Deutschen
Nationalbibliothek: Die Deutsche Nationalbiblio-
thek verzeichnet diese Publikation in der Deutschen
Nationalbibliografie; detaillierte bibliografische
Daten sind im Internet über dnb.dnb.de abrufbar.

Verlag: BoD · Books on Demand GmbH,
Überseering 33, 22297 Hamburg, bod@bod.de
Druck: Libri Plureos GmbH, Friedensallee 273,
22763 Hamburg

ISBN: 978-3-8192-2552-9

www.hochkultur.org

Ein Manifest
zur Wiederbelebung
unserer Dörfer.

Inhaltsverzeichnis

Über dieses Buch

Du hältst hier kein gewöhnliches Buch in den Händen. Es ist kein „So wirst du Selbstversorger in 10 einfachen Schritten"-Ratgeber. Es ist keine romantische Landflucht-Fantasie. Und es ist erst recht kein Versuch, das kaputte System zu retten.

Dieses Buch ist eine klare Ansage: Raus hier!

Raus aus der Stadt.
Raus aus der Abhängigkeit.
Raus aus einem System, das seine eigenen Grundlagen zerstört.

Denn seien wir ehrlich: Unsere Lebensmittel kommen nicht aus Supermärkten, sondern von Böden – und die haben wir systematisch ausgeplündert. Unsere Landwirtschaft wurde nicht effizienter, sondern abhängiger. Unsere Dörfer wurden nicht überflüssig, sondern ausgehöhlt. Und die Lösung? **Die gibt es längst.**

Dieses Buch zeigt, warum Hochkulturen immer dann untergehen, wenn sie ihre Böden zerstören – und warum wir genau diesen Fehler gerade wiederholen.

Es zeigt, warum die Zukunft nicht in vertikalen Indoor-Farmen oder CO_2-Zertifikaten liegt, sondern in gesunden Böden und freien Bauern.

Und es zeigt, warum Bitcoin & Gold nicht nur für Tech-Nerds oder Boomer sind, sondern für alle, die echtes Land und echte Unabhängigkeit zurückgewinnen wollen.

Klingt radikal? Ist es auch.

Aber vor allem ist es **notwendig**.

Dieses Buch gibt dir keine Ausrede mehr, um weiter auf „die da oben" zu hoffen.

Es gibt dir stattdessen die eine Antwort, die wirklich zählt: **Mach dich auf den Weg.**

Willkommen bei **„Raus hier!"**

Deine Zukunft beginnt jetzt.

00 Der unsichtbare Krieg

WIE GRÜNE IDEOLOGIE DEN WESTEN ENTWAFFNET UND WARUM BITCOIN & BODEN UNSERE RETTUNG SIND

Stell dir vor, es ist Weltkrieg – und keiner merkt es. Keine Panzer rollen, keine Bomben fallen, keine Truppen marschieren. Stattdessen steigen die Energiepreise ins Unermessliche, Unternehmen schließen, der Mittelstand verarmt, und Politiker preisen den Niedergang als notwendige Transformation. Willkommen im Wirtschaftskrieg des 21. Jahrhunderts.

Während die Medien uns mit geopolitischen Krisen und moralischen Appellen füttern, läuft im Hintergrund ein viel größeres Spiel: Der Westen wird schleichend deindustrialisiert. Strengere Klimavorgaben, wachsende Bürokratie und exorbitante Energiekosten machen es fast unmöglich, produktiv zu bleiben. Die EU und die USA strangulieren sich mit Regulierungen selbst – während Russland, Saudi-Arabien und China nur grinsen und weiter billig fossile Brennstoffe verkaufen.

Zufall? Wohl kaum. Wer profitiert von der Verknappung westlicher Energiequellen? Wer hat ein Interesse daran, dass europäische und amerikanische Industrien ins Ausland abwandern? Die Antwort liegt auf der Hand: Die BRICS-Staaten. Während sich der Westen in Klimaauflagen verstrickt und seine Unternehmen mit CO_2-Steuern gängelt, bauen sie ihre Wirtschaftsmacht systematisch aus.

Grüne Krieger oder geopolitische Schachfiguren?

Was, wenn grüne NGOs nicht einfach nur überengagierte Weltretter sind, sondern in Wirklichkeit ein trojanisches Pferd? Was, wenn sie unbewusst (oder bewusst) die Agenda jener Mächte umsetzen, die ein Interesse daran haben, den Westen wirtschaftlich zu entwaffnen? Stell dir vor, Russland, Saudi-Arabien und China fördern genau diese Umweltbewegungen, um ihre eigenen fossilen Brennstoffe teurer verkaufen zu können.

Denn eins ist sicher: Sie selbst werden sich nicht an die Regeln halten. Kein Wort von Russland oder China zu Netto-Null-Zielen, keine wahnwitzigen CO_2-Abgaben in Saudi-Arabien. Dort wird munter weiter produziert – während sich Europa freiwillig in den wirtschaftlichen Selbstmord stürzt.

Aber worauf läuft das hinaus? Auf die systematische Schwächung des Westens. Eine Welt ohne industrielle Produktion im Westen bedeutet eine

Welt, in der Wohlstand und Innovation abwandern. Und was passiert mit Währungen wie dem Euro und dem Dollar, wenn ihre Industriebasis erodiert? Sie kollabieren. Genau wie es in jeder Ära der Wirtschaftsgeschichte geschehen ist, wenn ein Imperium seine Produktivität verloren hat.

Die neue Strategie: Boden, Bitcoin und dezentrale Souveränität

Aber hier ist der Clou: Wir können diesen Krieg gewinnen – nicht mit Waffen, sondern mit smarter Strategie. Die Antwort liegt nicht in noch mehr Zentralplanung, nicht in der verzweifelten Hoffnung auf eine Rettung durch den Staat. Die Antwort liegt in echter Unabhängigkeit:

Boden statt Beton: Die wahre Grundlage des Wohlstands ist nicht die Industrie, sondern der Boden. Nicht die anonymen Hochhausbüros der Metropolen, sondern regenerative Landwirtschaft, lokale Produktion und ein dezentrales Wirtschaftsmodell. Wir brauchen keine globalisierten Lieferketten – wir brauchen regionale Wertschöpfung.

Bitcoin statt Fiat-Geld: Wenn der Euro und der Dollar durch Deindustrialisierung entwertet werden, brauchen wir ein Geld, das nicht manipuliert werden kann. Ein Geld, das aus dem System ausbricht. Bitcoin ist genau das: grenzenlos, unzensierbar, immun gegen Inflation und politische Manipulation. Während Fiat-Währungen im Chaos versinken, bietet Bitcoin die Basis für eine neue, unabhängige Wirtschaft.

Dezentrale Gemeinschaften statt Abhängigkeit: Wer in einer Stadt lebt, ist vom System abhängig – von Supermärkten, Stromversorgern, zentraler Infrastruktur. Wer auf dem Land lebt, kann sich unabhängig machen. Energieautarkie, eigene Lebensmittelproduktion, lokale Netzwerke. Die Zukunft gehört denjenigen, die sich der zentralistischen Kontrolle entziehen.

Der Exit aus dem maroden System

Das Schöne daran? Es ist bereits im Gange. Immer mehr Menschen kaufen Land, gründen autonome Gemeinschaften, setzen auf Bitcoin, organisieren sich in regionalen Netzwerken. Das ist die leise Revolution, die dem System den Stecker zieht.

Während die alten Strukturen unter der Last ihrer eigenen Fehlentscheidungen zusammenbrechen, entsteht eine neue Wirtschaft. Eine, die sich nicht von geopolitischen Machtspielen erpressen lässt. Eine, die ihre Stärke aus dezentraler Resilienz zieht. Eine, die endlich versteht: Unser Wohlstand kommt nicht aus der Politik, nicht aus Zentralbanken, nicht aus Globalisierung. Er kommt aus Boden, Arbeit, echtem Wert.

Den Wirtschaftskrieg des 21. Jahrhunderts kann nur eine Seite gewinnen: Entweder jene, die weiter auf Illusionen bauen – oder jene, die sich neu erfinden und eine echte, nachhaltige Zukunft aufbauen. Wir haben die Wahl. Aber wir sollten uns beeilen.

Die Entscheidung, die alles verändert

01

Es beginnt mit einer leisen Ahnung. Einem unguten Gefühl, das sich manchmal beim Blick aus dem Fenster regt. Ein Funken Zweifel, wenn du durch die Stadt gehst und bemerkst, dass hier alles auf absolute Abhängigkeit gebaut ist. Ein Gedanke, der sich nicht mehr abschütteln lässt: **Was, wenn das alles nicht so stabil ist, wie es scheint?**

Jahrtausende lang wussten die Menschen, dass ihr Überleben an einem einfachen Prinzip hing: **Wenn du Essen willst, musst du mit der Erde arbeiten.** Die Erde war nicht nur ein Stück Land unter den Füßen, sondern die Basis des Lebens. Wer die Böden hegte, konnte gedeihen. Wer sie zerstörte, verschwand.

Und dann kam jemand auf die Idee, dass es eine gute Idee sei, sich von der Erde zu entfremden. Dass Fortschritt bedeutet, auf Beton zu leben, sich von verpacktem Essen zu ernähren und von Systemen abhängig zu sein, die keiner mehr durchblickt.

Und hier stehen wir nun. Millionen von Menschen, eingepfercht in Städte, in Glasbüros und Mietwohnungen, die zu teuer sind, um darin nur zu schlafen, aber zu klein, um wirklich darin zu leben. Unser Essen wächst nicht mehr in der Erde, sondern in Fabriken. Unser Wasser kommt nicht mehr aus der Quelle, sondern durch kilometerlange Rohre, die von Stromnetzen abhängig sind, die jederzeit ausfallen können. Unser Geld ist nicht mehr etwas, das wir verstehen, sondern etwas, das in Zentralbanken durch Knopfdruck erschaffen wird.

Alles scheint stabil. Alles scheint sicher.

Doch wir alle wissen: **Es ist eine Illusion.**

Städte sind nicht unverwüstlich – sie sind fragile Maschinen

Die Stadt fühlt sich unzerstörbar an. Solange das System läuft, läuft es perfekt. Doch wehe, ein Zahnrad klemmt – dann fällt das ganze Konstrukt schneller in sich zusammen, als es die meisten wahrhaben wollen.

New York, 1977: Ein Stromausfall. Plünderungen, Chaos, Gewalt innerhalb von Stunden.

London, 2011: Ein paar Tage Unruhen – und Supermarktregale, die sich schneller leerten, als die Polizei reagieren konnte.

Ukraine, 2022: Millionen Menschen fliehen aufs Land, weil in den Städten nichts mehr funktioniert.

Und dann war da noch Corona.

Ein paar Tage Lieferengpässe – und schon war die Zivilisation am Rande der Panik. Menschen kämpften um Klopapier, als wäre es die letzte Hoffnung auf Überleben. Und wenn wir ehrlich sind, dann war Klopapier das geringste Problem.

Die Städte haben kein Backup-System. Sie sind keine resilienten Ökosysteme, sondern hochtechnisierte Maschinen, die auf perfektes Funktionieren ausgelegt sind. Sie produzieren kein Essen. Sie speichern kein Wasser. Sie sind zu 100 % abhängig von der Außenwelt.

Das war nicht immer so.

Alle großen Hochkulturen gingen auf die gleiche Weise unter

Die Sumerer, die Mayas, das Römische Reich – alle großen Zivilisationen hatten eines gemeinsam: Sie wuchsen, wurden mächtig, wurden komplexer ... und dann brach ihr Fundament zusammen.

Nicht wegen Krieg. Nicht wegen Plagen. Nicht wegen schlechter Politik. **Sie zerstörten ihre Böden.** Sie betrieben Raubbau an der Erde, übernutzten sie, laugten sie aus. Ihre Felder konnten die wachsende Bevölkerung nicht mehr ernähren. Die Ernten wurden schlechter, Hungersnöte folgten, die Strukturen zerfielen.

Und was tun wir?

Genau das Gleiche – nur in globalem Maßstab.

Wir haben industrielle Landwirtschaft, die den Boden auslaugt, das Wasser abfließen lässt und aus fruchtbaren Landschaften tote Wüsten macht. Wir haben ein Wirtschaftssystem, das nicht auf echten Wert setzt, sondern auf maximalen Ertrag um jeden Preis.

Aber das ist kein freier Markt. Das ist kein Kapitalismus.

Es ist Korporatismus.

Kapitalismus bedeutet Wettbewerb, Innovation, Qualität. Doch was wir heute haben, ist ein System, in dem sich Konzerne und Staaten gegenseitig die Bälle zuspielen. Wo Subventionen nicht denjenigen helfen, die das Land pflegen, sondern denen, die es ausbeuten. Wo Chemiekonzerne ihre Produkte nicht verkaufen, weil die Landwirte sie brauchen, sondern weil ganze Agrarsysteme durch politische Entscheidungen darauf ausgerichtet wurden.

Ohne diesen Korporatismus hätte es nie eine Industrialisierung der Landwirtschaft in diesem Ausmaß gegeben. Ohne staatlich geschützte Monopole gäbe es keine weltumspannenden Chemie- und Pharmakonzerne, die mit patentiertem Saatgut,

Kunstdünger und Pestiziden mehr Geld verdienen als mit gesunden Böden.

Das Problem ist nicht Wachstum. **Das Problem ist Wachstum um jeden Preis – egal, ob es Sinn ergibt oder nicht.**

Das Problem ist nicht der freie Markt. Das Problem ist ein System, das sich als Markt ausgibt, in Wahrheit aber ein geschlossenes Kartell ist – mit Regierungen als stillen Teilhabern.

Und die Landwirtschaft ist der größte Beweis dafür.

Die Revolution beginnt im Boden

Die Lösung liegt nicht in klugen Reformen oder in staatlichen Programmen, die mit grünen Labels beklebt sind. Die Lösung liegt in einer Rückkehr zur Basis. Zum Boden. Zur Landwirtschaft, die nicht zerstört, sondern aufbaut.

Schau dir Will Harris an, der seine Farm in Georgia von einer ausgelaugten, sterbenden Monokultur in eine blühende Oase verwandelt hat. White Oak Pastures ist der Beweis, dass es geht.

Schau dir Joel Salatin an, der mit seiner Polyface Farm zeigt, dass eine Landwirtschaft, die mit der Natur arbeitet, nicht nur gesünder, sondern auch wirtschaftlich erfolgreicher ist. Schau dir all die regenerativen Landwirte an, die in ganz Europa dabei sind, die Böden wiederherzustellen, das Land zurückzuerobern, eine neue Art von Landwirtschaft zu erschaffen.

Die Frage ist nicht, ob es funktioniert. Die Frage ist nur: Wann fängst du an?

Denn es gibt einen Ausweg.

Wir müssen die Dörfer zurückerobern.

Wir müssen unsere Böden wieder aufbauen.

Wir müssen wieder verstehen, wie echtes Leben funktioniert.

Nicht mit Verboten.

Nicht mit Reformen.

Nicht mit der Hoffnung, dass „die da oben" es für uns richten.

Sondern indem wir es selbst tun.

Dieses Buch ist kein Appell, keine Beschwerde, kein Warten auf bessere Zeiten.

Es ist eine Einladung.

Zu einer neuen Art zu leben.

Zu einer neuen Art zu wirtschaften.

Zu einer neuen Art, die Zukunft in die eigene Hand zu nehmen. Wir haben alles, was wir brauchen.

Lass uns anfangen.

Warum die Städte uns nicht retten werden

02

Die Stadt fühlt sich sicher an. Riesige Gebäude, ein Meer aus Lichtern, Straßen voller Menschen. Solange das System funktioniert, gibt es keinen Grund zu zweifeln. Supermärkte sind immer gefüllt, Wasser kommt verlässlich aus der Leitung, Strom fließt ohne Unterbrechung. Alles ist verfügbar, alles ist berechenbar.

Bis es das nicht mehr ist.

Städte sind keine widerstandsfähigen Organismen. Sie sind hochtechnisierte Maschinen, die bis ins letzte Detail durchgetaktet sind – und genau das macht sie anfällig. Denn in einer Stadt kann nichts aus sich selbst heraus existieren. **Jeder Bissen Nahrung, jeder Tropfen Wasser, jede Kilowattstunde Strom muss von irgendwoher geliefert werden.**

Das war nicht immer so.

Früher hatten Städte landwirtschaftliche Gürtel um sich herum. Bauern lieferten direkt auf den Markt, Lebensmittel kamen aus der Region. Heute ist das Essen ein globales Produkt, das erst tausende Kilometer zurücklegen muss, bevor es auf dem Teller landet. Ein Apfel aus Chile, Tomaten aus Marokko, Rindfleisch aus Argentinien – und all das erreicht uns nur, weil es ein perfekt getaktetes Transportsystem gibt, das ununterbrochen läuft.

Doch was passiert, wenn es nicht mehr läuft?

Die fragilen Fäden der modernen Stadt

Nimm eine beliebige Großstadt. **Was passiert, wenn die LKWs drei Tage lang nicht fahren?**

Die Supermärkte sind leer.

Was passiert, wenn das Stromnetz ausfällt?

Die Wasserversorgung kollabiert.

Was passiert, wenn das Heizsystem stockt?

Millionen Menschen frieren.

Und währenddessen? Sitzt eine Bevölkerung in kleinen Wohnungen, ohne Vorräte, ohne Plan B, ohne funktionierende Gemeinschaftsstrukturen. **Die Stadt ist ein Wunderwerk der Logistik – aber sie ist kein Ort, an dem man sich selbst versorgen kann.**

Das macht sie nicht nur anfällig für Krisen, sondern zu einer gigantischen Falle. **Denn je größer die Stadt, desto größer die Abhängigkeit.**

Die Illusion der unendlichen Versorgung

Trotzdem will man uns weismachen, dass die Zukunft der Menschheit in smarten Städten liegt. Dass wir uns noch weiter in urbane Strukturen drängen sollen, noch mehr Technologie, noch mehr Effizienz – bis das Leben vollständig von Algorithmen durchgeplant wird.

Doch was passiert, wenn das Fundament bricht? Wenn das Wasser plötzlich rationiert werden muss? Wenn die Preise für Lebensmittel explodieren, weil die Lieferketten ins Stocken geraten? Wenn das Leben in einer Stadt nicht mehr Sicherheit bedeutet, sondern Enge, Abhängigkeit und Kontrollverlust?

Das sind keine dystopischen Zukunftsszenarien. Es ist bereits Realität.

Während Städte weiter wachsen, werden sie immer unbewohnbarer. **Lebensmittel werden teurer, Wohnraum unbezahlbar, Kriminalität steigt, die psychischen Erkrankungen nehmen zu.** Aber anstatt die Ursache zu hinterfragen, versucht man, die Symptome mit noch mehr Regulierung, noch mehr Überwachung, noch mehr Kontrolle zu bekämpfen.

Das Dorf als Ausweg

Auf dem Land gibt es keine „Just-in-Time"-Lieferungen. Es gibt Vorräte. Es gibt Brunnen. Es gibt Menschen, die noch wissen, wie man Dinge selbst macht.

Ja, das Dorf mag nicht den Komfort einer 24/7-Lieferkultur haben. Vielleicht gibt es keine fancy Cafés mit Hafermilch-Matcha-Lattes und keine U-Bahn, die einen in fünf Minuten von A nach B bringt. Aber dafür gibt es etwas anderes:

Freiheit. Stabilität. Selbstbestimmung.

Hier ist die Versorgung nicht von globalen Märkten abhängig, sondern von den Menschen, die vor Ort leben. Hier kommt das Essen noch aus dem Boden, nicht aus einer Lieferkette, die bei der kleinsten Störung zusammenbricht. Hier kann ein Haus mit Holz beheizt werden, wenn das Gas ausbleibt. Hier zählt die Gemeinschaft mehr als der Algorithmus einer App.

Und genau hier liegt die Zukunft. **Nicht in den Städten, die immer abhängiger werden – sondern auf dem Land, wo echte Resilienz möglich ist.**

Die Frage ist nicht, **ob** die Stadt uns irgendwann nicht mehr versorgen kann. Die Frage ist, **wann** du es selbst erkennst.

Denn wenn du in einem System lebst, das dich von Grund auf abhängig macht, dann gibt es nur eine Lösung: **Steig aus. Und fang an, dein eigenes System aufzubauen.**

03 Der vergessene Schatz – Warum wir die Dörfer retten müssen

Es gab eine Zeit, da war das Dorf das Herz der Welt. Nicht im nostalgischen Sinne, nicht als romantisierte Kulisse für Sonntagsspaziergänge, sondern als funktionierendes, lebendiges System.

Das Dorf war nie nur ein Wohnort. **Es war das Fundament jeder Gesellschaft.**

Die Menschen produzierten ihre eigene Nahrung, holten ihr Wasser aus eigenen Quellen, verarbeiteten Rohstoffe zu allem, was sie zum Leben brauchten. Der Bauer lieferte an den Bäcker, der Bäcker versorgte die Dorfbewohner, der Schmied schmiedete Werkzeuge, der Tischler baute Möbel, der Müller mahlte das Getreide. Jeder hatte seinen Platz, und das System war stabil, weil es auf echten, greifbaren Werten basierte.

Ein Dorf konnte Kriege überstehen, Krisen bewältigen, Jahrhunderte lang bestehen – **weil es unabhängig war.**

Und dann verschwand es.

Nicht durch Naturkatastrophen. Nicht durch Krieg. **Sondern durch eine Entscheidung.**

Wie die Industrialisierung der Landwirtschaft die Dörfer entleerte

Es begann mit Maschinen. Früher brauchte man Menschen, um Felder zu bestellen, Tiere zu hüten, Getreide zu ernten. Doch dann kamen Traktoren, Mähdrescher, Kunstdünger, Pestizide – und plötzlich konnte ein einziger Landwirt die Arbeit erledigen, für die früher zwanzig gebraucht wurden.

Was bedeutete das für die anderen neunzehn?

Sie gingen. Erst langsam, dann immer schneller. Denn während die Landwirtschaft industrialisiert wurde, veränderte sich das ganze Wirtschaftssystem.

Die Höfe wurden größer, aber die Menschen weniger. Betriebe, die sich nicht verschulden wollten, gingen pleite. Wer kein Land mehr hatte, musste in die Stadt.

Und dann geschah etwas Paradoxes: **Je mehr Menschen das Land verließen, desto größer wurde die industrielle Landwirtschaft.** Weniger Bauern bedeuteten größere Betriebe. Größere Betriebe bedeuteten mehr Maschinen. Mehr Maschinen bedeuteten noch weniger Menschen auf dem Land. Ein sich selbst verstärkender Kreislauf, der nicht nur die Dörfer, sondern die gesamte Art, wie wir uns ernähren, veränderte.

Plötzlich zählten nicht mehr regionale Kreisläufe, sondern globale Märkte. Es ging nicht mehr darum, ein Dorf zu ernähren, sondern darum, Millionen anonyme Konsumenten in den Städten mit billigen, standardisierten Produkten zu versorgen.

Das Brot kam nicht mehr vom Bäcker im Dorf, sondern aus einer Fabrik, die es tiefgekühlt um die halbe Welt schickte. Das Fleisch kam nicht mehr von Weidetieren, sondern aus gigantischen Mastanlagen, in denen Rinder nie einen Grashalm zu sehen bekamen. Das Gemüse wurde nicht mehr in Mischkulturen angebaut, sondern in endlosen Monokulturen, die mit Pestiziden in Schach gehalten wurden. Das Dorf wurde überflüssig. Und damit auch alles, was es einst ausmachte.

Was bleibt, wenn das Dorf stirbt?

Wenn die Bauern weg sind, wenn die Handwerker aufgeben, wenn die Läden schließen – was bleibt dann noch?

Verlassene Straßen, leere Häuser, überalterte Gemeinden. Orte, die nicht mehr eigenständig existieren können, sondern nur noch als Anhängsel der Städte überleben – Schlafdörfer für Pendler, Randgebiete für Großkonzerne, tote Hüllen dessen, was einmal das Rückgrat der Gesellschaft war.

Doch das ist nicht nur ein Problem für die Dörfer. Es ist ein Problem für alle.

Denn **wenn das Dorf stirbt, stirbt die Unabhängigkeit.**

Ohne Dörfer gibt es keine Bauern.

Ohne Bauern gibt es keine Lebensmittel.

Ohne Lebensmittel gibt es keine Zukunft.

Warum wir die Dörfer jetzt zurückholen müssen

Die Wahrheit ist: Wir haben keine Wahl.

Die Städte werden uns nicht ernähren.

Die Industrie wird uns nicht retten.

Die Globalisierung wird nicht für immer funktionieren.

Aber das Dorf kann es.

Das Dorf kann wieder das werden, was es immer war: **der Schlüssel zur Stabilität.**

Aber nicht als museales Erholungsgebiet für gestresste Stadtbewohner. **Nicht als schickes Ausflugsziel mit Bioladen und Hofcafé.** Sondern als funktionierendes System, in dem Menschen wieder das tun, was über Jahrtausende ihre Basis war: **Nahrung produzieren, Wasser sichern, Kreisläufe stabil halten.**

Dafür müssen wir sie zurückholen.

Dafür müssen wir sie wieder bevölkern.

Dafür müssen wir das Land wieder zu dem machen, was es immer war: **lebendig**.

Es gibt keinen anderen Weg.

Denn ohne Dörfer gibt es kein Essen, kein Wasser, keine Zukunft.

Und die Frage ist nicht mehr, ob sie verschwinden.

Die Frage ist, wann wir sie zurückholen.

Die große Lüge über die Landwirtschaft

Es gibt eine Geschichte, die man uns immer wieder erzählt. Eine Geschichte von Fortschritt, von Effizienz, von Wohlstand durch Technik. Sie geht ungefähr so:

„Früher war Landwirtschaft harte Arbeit. Mühselig, ineffizient, rückständig. Doch dann kamen Maschinen, Dünger, Pestizide und geniale Wissenschaftler mit weißen Kitteln, die alles besser machten. Höhere Erträge, weniger Arbeit, mehr Nahrung für alle. Heute haben wir eine moderne Landwirtschaft, die die Welt ernährt – dank Wissenschaft und Technik."

Schöne Geschichte. Nur leider ist sie nicht wahr.

Denn die Realität sieht anders aus:

Wir haben industrielle Landwirtschaft, die jedes Jahr Milliarden Tonnen fruchtbaren Boden verliert.

Wir haben eine Agrarproduktion, die die Dörfer entvölkert hat und Bauern zu abhängigen Subventionsnehmern gemacht hat.

Wir haben Böden, auf denen ohne Kunstdünger nichts mehr wachsen kann, weil sie durch jahrzehntelange Misswirtschaft zu totem Staub geworden sind. Und jetzt, wo das System langsam vor unseren Augen zerbröckelt, redet man sich raus. **„Ja, es liegt an den Chemikalien! Wir brauchen einfach neue, bessere Regeln, dann wird es wieder gut!"**

Aber das ist nicht die Wahrheit. Die Wahrheit ist, dass das Problem viel tiefer liegt.

Wie wir unsere Böden zerstören – und damit unsere Zivilisation

Jede Hochkultur, die je untergegangen ist, hatte eines gemeinsam: **Sie hat ihre Böden zerstört.**

Die Sumerer in Mesopotamien – einst eine blühende Agrargesellschaft, bis ihre Böden versalzten und ihre Städte im Sand verschwanden.

Die Maya – eine Hochkultur, die durch Erosion und Übernutzung ihrer Flächen zusammenbrach.

Das Römische Reich – das seine fruchtbarsten Böden auslaugte, bis es seine Nahrung importieren musste und daran zugrunde ging.

Und wir? Wir haben diesen Fehler perfektioniert. **Denn wir haben eine Landwirtschaft erschaffen, die die Böden nicht einfach nur abbaut – sondern systematisch vernichtet.**

Die wahre Ursache:
Nicht nur Chemikalien, sondern die
„Grüne Revolution"

Man sagt uns, die Böden sterben, weil wir zu viele Pestizide und Kunstdünger verwenden. Das ist nicht ganz falsch – aber es ist nicht der eigentliche Grund. **Der wahre Grund ist die Art, wie wir Landwirtschaft betreiben.**

Alles begann mit der sogenannten **„Grünen Revolution"**. Sie brachte uns moderne Maschinen, Hochleistungssorten und den Glauben, dass Wissenschaft alles lösen kann. Sie versprach, den Hunger in der Welt zu beenden.

Und was kam stattdessen?

Pflüge, die den Boden aufreißen und seine gesamte Struktur zerstören.

Monokulturen, die dem Boden Jahr für Jahr die gleichen Nährstoffe entziehen, ohne etwas zurückzugeben.

Kunstdünger, der kurzfristig hilft, aber langfristig den natürlichen Humusaufbau stoppt.

Pestizide, die nicht nur Schädlinge töten, sondern das gesamte Bodenleben auslöschen.

Wir haben ein System geschaffen, in dem Böden nicht mehr fruchtbar sind, sondern nur noch als chemisch reanimierte Produktionsflächen existieren. Und jedes Jahr braucht es mehr Dünger, mehr

Chemie, mehr Eingriffe, um überhaupt noch etwas wachsen zu lassen. Aber das war ja „Fortschritt".

Und die Bauern? Die hatten keine Wahl. Wer nicht mitmachte, ging pleite. Kleine Betriebe wurden verdrängt, große Agrarfabriken übernahmen. Und mit ihnen kamen neue Probleme.

Warum industrielle Landwirtschaft keine nachhaltige Option ist

Uns wird erzählt, dass wir die Welt nur mit industrieller Landwirtschaft ernähren können. **Das ist eine der größten Lügen der modernen Zeit.** Denn was genau produziert diese Industrie eigentlich?

Mais und Weizen, die nicht mehr für Menschen, sondern **für Tiermast und Ethanolproduktion** angebaut werden.

Soja für Fleischersatzprodukte, die uns als „nachhaltige Lösung" verkauft werden, während Regenwald dafür gerodet wird.

Riesige Monokulturen, die nichts anderes mehr wachsen lassen als das, was der Weltmarkt gerade fordert.

Unsere Lebensmittel bestehen heute zu einem Großteil aus künstlich verarbeiteten Produkten, die aus ein paar wenigen Rohstoffen bestehen – Weizen, Mais, Soja.

Das ist keine Landwirtschaft mehr. Das ist industrielle Nahrungsmittelproduktion. Und wer glaubt, dass sich dieses System einfach „nachhaltiger" gestalten lässt, der hat nicht verstanden, worum es geht. Denn die industrielle Landwirtschaft ist nicht deshalb zerstörerisch, weil sie Fehler gemacht hat. **Sie ist zerstörerisch, weil sie genau so konstruiert wurde.**

Subventionen und CO_2-Zertifikate: Die neuen Fesseln der Bauern

Wenn etwas nicht funktioniert, hilft man nach – mit Geld. Also werden Bauern nicht dafür bezahlt, dass sie gute Lebensmittel produzieren, sondern dafür, dass sie sich ans System anpassen.

Subventionen belohnen die größten Betriebe, nicht die nachhaltigsten.

CO_2-Zertifikate sollen angeblich die Landwirtschaft „grüner" machen – aber sie führen nur zu neuer Abhängigkeit.

Die **Bürokratie** wächst, während die echten Landwirte verdrängt werden.

Das Problem ist nicht, dass wir zu wenig CO_2 speichern oder zu viel Stickstoff ausbringen. **Das Problem ist, dass Bauern gar nicht mehr frei wirtschaften dürfen.**

Heute entscheiden nicht mehr die Landwirte, was sie anbauen – sondern Handelsabkommen, CO_2-Märkte und Subventionsrichtlinien.

Die Bauern sind nicht mehr Landwirte. Sie sind nur noch Erfüllungsgehilfen eines Systems, das sie auspresst, bis nichts mehr übrig ist.

Und dieses System wird sich nicht von selbst reformieren.

Warum Reformen nichts bringen – die Lösung liegt außerhalb des Systems

Viele hoffen auf bessere Gesetze, nachhaltigere Richtlinien, „grüne" Innovationen.

Aber die Wahrheit ist: **Dieses System kann nicht repariert werden.**

Man kann eine Wüste nicht retten, indem man sie mit neuen Regeln verwaltet.

Man kann eine tote Erde nicht heilen, indem man noch mehr Bürokratie darauf streut.

Man kann ein brennendes Haus nicht löschen, indem man ihm einen neuen Anstrich verordnet.

Der einzige Weg ist: **Raus aus dem System.**

Raus aus den Subventionen, die nur Abhängigkeiten schaffen.

Raus aus der Illusion, dass Industrie und Konzerne nachhaltige Lösungen bieten.

Raus aus dem Modell, das Landwirte zu Befehlsempfängern degradiert.

Die Antwort liegt nicht in Reformen.

Die Antwort liegt in echter, regenerativer Landwirtschaft.

Landwirtschaft, die wieder Böden aufbaut, statt sie zu zerstören.

Landwirtschaft, die wieder dezentral ist, statt zentralisiert und abhängig.

Landwirtschaft, die den Menschen gehört – nicht den Konzernen.

05 Die Lösung liegt im Boden

Die Lösung liegt nicht in Brüssel. Nicht in Berlin. Nicht in den Büros der großen Agrarkonzerne, nicht in neuen Vorschriften, nicht in den endlosen Konferenzen über Nachhaltigkeit, die am Ende doch nur darauf hinauslaufen, das Bestehende weiter am Leben zu halten.

Die Lösung liegt **unter unseren Füßen.**

Boden ist nicht einfach nur Dreck.

Er ist nicht einfach nur der Untergrund, auf dem wir stehen.

Er ist das Fundament unserer gesamten Zivilisation.

Ohne gesunden Boden gibt es nichts.

Kein Essen.

Kein Wasser.

Keine Zukunft.

Doch genau dieses Fundament haben wir in den letzten Jahrzehnten systematisch zerstört. **Und jetzt zahlen wir den Preis dafür.**

Was gesunde Böden wirklich können

Ein gesunder Boden ist ein Wunderwerk. Er kann Dinge, die kein Ingenieur der Welt je nachbauen könnte.

Er speichert Wasser, reguliert das Klima, filtert Giftstoffe, bringt Leben hervor, ohne dass ein Tropfen Öl, ein Gramm Dünger oder ein Subventionsprogramm notwendig wäre.

Ein lebendiger Boden kann:

→ **Wasser wie ein Schwamm aufnehmen.** Wenn es regnet, speichert er es. Wenn es trocken wird, gibt er es langsam wieder ab. So entstehen keine Dürren. Keine Fluten. Keine Katastrophen.

→ **Das Mikroklima stabilisieren.** Fruchtbare Böden regulieren Hitze und Kälte, beeinflussen die Niederschläge und verhindern, dass Landschaften zu Wüsten werden.

→ **Nahrung mit echter Nährstoffdichte liefern.** Keine leeren Kalorien, sondern Lebensmittel, die tatsächlich nähren, weil sie aus einem lebendigen Boden kommen und nicht aus einer toten Anbaufläche, die nur mit Chemie am Leben gehalten wird.

→ **Kohlenstoff speichern.** Und zwar nicht in abstrakten Zertifikaten oder Excel-Tabellen, sondern ganz real, im Humus, der aufgebaut wird, wenn Böden richtig bewirtschaftet werden.

→ **Wirtschaftliche Unabhängigkeit schaffen.** Ein gesunder Boden bedeutet eine funktionierende Landwirtschaft. Eine funktionierende Landwirtschaft bedeutet Unabhängigkeit. Eine Region mit fruchtbarem Boden ist nicht erpressbar, nicht abhängig, nicht steuerbar durch Marktmanipulationen oder politische Entscheidungen.

Ein gesunder Boden ist das Gegenteil von fragil. Er ist die stabilste Basis, die eine Gesellschaft haben kann.

Aber was haben wir daraus gemacht?

Wir haben ihn geplündert.

Statt Böden aufzubauen, haben wir sie vernichtet.

Wir haben sie gepflügt, verdichtet, vergiftet.

Wir haben die Wälder gerodet, die Humusschicht abgetragen, die Wasserzyklen unterbrochen.

Wir haben den Boden als unerschöpfliche Ressource betrachtet – und jetzt, wo er stirbt, tun wir so, als gäbe es keine Alternative.

Aber es gibt eine.

Die Wahrheit über regenerative Landwirtschaft

Man wird euch sagen, dass es keine andere Möglichkeit gibt. Dass wir industrielle Landwirtschaft brauchen, um die Welt zu ernähren. Dass die einzige Lösung noch mehr Technologie ist – synthetische Böden, künstliches Fleisch, genmanipulierte Pflanzen.

Aber das ist eine Lüge.

Denn es gibt längst eine andere Art, Landwirtschaft zu betreiben. Eine Landwirtschaft, die nicht zerstört, sondern aufbaut. Die Böden regeneriert, statt sie auszubeuten. Die Dürren verhindert, statt sie zu verschärfen.

Wir brauchen eine radikale, holistische, regenerative Landwirtschaft.

Radikal, weil sie nicht nur ein bisschen an bestehenden Strukturen herumdoktert.

Holistisch, weil sie die Zusammenhänge von Boden, Pflanzen, Tieren, Klima und Wirtschaft als Ganzes betrachtet.

Regenerativ, weil es nicht mehr darum geht, die Zerstörung zu verlangsamen – sondern sie rückgängig zu machen.

Es gibt keine Patentlösung, kein einzelnes Wunderkonzept. Aber es gibt klare Prinzipien und Methoden:

Holistic Management – Weidetiere als natürliche Bodenaufbauer, nicht als Umweltzerstörer. Gezielt geführte Herden, die die Graslandschaften so regenerieren, wie es die Natur seit Jahrtausenden getan hat.

Direktsaat – Landwirtschaft mit dem Boden, nicht gegen ihn. Kein Pflügen, kein Zerstören des Bodenlebens, sondern minimaler Eingriff, dauerhafte Begrünung und Humusaufbau statt Erosion.

Agroforst – in richtig! Kein Alibi-Bäumchen-Plantagenprogramm, sondern echtes Zusammenspiel von Wald und Landwirtschaft. Mischkulturen, die Wasser speichern, Nährstoffe im Kreislauf halten und gleichzeitig wirtschaftlich tragfähig sind.

Dezentrale Systeme – Lokale Kreisläufe statt globaler Abhängigkeiten. Bauern, die direkt mit Verbrauchern handeln, statt durch ein undurchschaubares Netz aus Konzernen, Subventionen und Handelsabkommen gesteuert zu werden.

Das ist keine Theorie.

Es funktioniert bereits.

Auf Farmen wie White Oak Pastures in den USA, die aus einem toten Stück Land eine blühende, wirtschaftlich erfolgreiche Farm gemacht haben.

Auf Höfen wie der Polyface Farm, die seit Jahrzehnten beweist, dass Landwirtschaft und Natur keine Gegensätze sein müssen.

Auf unzähligen kleinen regenerativen Betrieben in Europa, die zeigen, dass die Zukunft nicht aus Maschinen und Laborfleisch besteht – sondern aus lebendigen Böden.

Das Wissen ist da. Die Methoden sind da. Die Menschen sind da.

Die Frage ist nicht mehr, ob es geht.

Die Frage ist, wann wir endlich anfangen.

Wie eine dezentralisierte, regenerative Landwirtschaft ganze Regionen stabilisieren kann

Wenn eine Region gesunde Böden hat, hat sie Nahrung. Wenn sie Nahrung hat, hat sie wirtschaftliche Unabhängigkeit. Wenn sie wirtschaftliche Unabhängigkeit hat, kann sie sich selbst bestimmen.

Das ist der Unterschied zwischen einer krisensicheren Gesellschaft und einer, die jederzeit ins Chaos stürzen kann.

Schaut euch Länder an, die ihre Landwirtschaft zerstört haben. Sie müssen Nahrungsmittel importieren – und sind damit erpressbar. Sie müssen auf Subventionen setzen – und verlieren damit ihre Eigenständigkeit. Sie sind abhängig von globalen Märkten – und damit von den Interessen multinationaler Konzerne.

Eine dezentrale, regenerative Landwirtschaft beendet diese Abhängigkeiten.

Wenn Bauern wieder ihre eigenen Kunden haben, statt sich nach Supermarktketten zu richten, ist ihre Existenz gesichert.

Wenn Wasser in gesunden Böden gespeichert wird, statt durch Drainagen und Betonkanäle abzufließen, gibt es keine Dürren.

Wenn Tiere auf Weiden stehen, statt in Hallen zu vegetieren, gibt es kein Antibiotika-Fleisch, keine Massentierhaltung, keine kranken Systeme.

Aber das Wichtigste ist:

Wenn wir die Böden wieder aufbauen, bauen wir unsere Freiheit wieder auf.

Denn eine Gesellschaft, die sich selbst ernähren kann, ist eine Gesellschaft, die nicht in Panik gerät, wenn das System ins Wanken kommt.

Eine Gesellschaft, die noch lebendigen Boden unter den Füßen hat, kann Krisen überstehen.

Eine Gesellschaft, die nur noch von Lieferketten abhängig ist, kann das nicht.

Die Wahl ist klar.

Wir können weiter blind auf ein System vertrauen, das uns langsam in die Katastrophe führt.

Oder wir können anfangen, das Fundament wiederherzustellen, auf dem alles beruht.

Die Lösung liegt nicht in neuen Vorschriften.

Nicht in noch mehr Technologie.

Nicht in utopischen Versprechen einer hoch-technisierten Zukunft.

Die Lösung liegt im Boden.

Und der Boden wartet darauf, dass wir endlich verstehen, was das bedeutet.

06 Die Revolution hat bereits begonnen

Man sagt uns oft: *„Das ist ja alles schön und gut – aber funktioniert das auch wirklich?"*

Ja. Und wie.

Es gibt Menschen, die sich nicht länger von diesem sterbenden System abhängig machen. Die nicht darauf warten, dass „die Politik endlich was tut". Die nicht in Podiumsdiskussionen über die Zukunft der Landwirtschaft philosophieren, sondern draußen stehen, in der Erde graben, Kühe über Weiden führen, Bäume pflanzen und Böden wieder zum Leben erwecken.

Sie zeigen, dass regenerative Landwirtschaft keine Theorie ist.

Sie beweisen, dass man auf eine Weise wirtschaften kann, die Böden aufbaut statt zerstört.

Und sie tun es nicht aus Nostalgie, sondern weil es **die einzige logische Konsequenz** ist.

Das ist kein „Zurück in die Vergangenheit".

Das ist ein Vorstoß in die Zukunft.

Will Harris und White Oak Pastures – Vom sterbenden Land zur blühenden Farm

Will Harris hat alles gesehen. Er ist aufgewachsen auf einer Farm in Georgia, die sein Vater noch nach den Prinzipien der industriellen Landwirtschaft betrieb: Monokulturen, Kunstdünger, Pestizide, Vieh in engen Ställen. **Effizienz** war das Gebot der Stunde. So hatte man es ihm beigebracht.

Doch irgendwann sah er, was er wirklich tat.

Sein Land wurde mit jedem Jahr karger. Das Wasser versickerte nicht mehr, sondern floss einfach ab. Die Kühe waren nur noch eine Nummer im System, getaktet nach dem Rhythmus der Fleischindustrie.

Dann zog er die Reißleine.

Er stellte alles um. Setzte wieder auf Weidehaltung, auf Gras, auf Kreislaufwirtschaft. Und aus ausgelaugten Feldern wurde ein Paradies – White Oak Pastures.

Heute ist sein Land nicht nur produktiver als je zuvor, sondern auch widerstandsfähiger. **Reale Klimaanpassung, nicht in Form von Papieren und Zertifikaten, sondern in Form von gesunden Böden, funktionierenden Wasserkreisläufen und echten Lebensmitteln.**

Und sein Betrieb? Er ist wirtschaftlich erfolgreicher als jemals zuvor.

Denn das ist eine weitere oft wiederholte Lüge der industriellen Landwirtschaft: Sie ist gar nicht effizient.

Sie braucht Subventionen, Kunstdünger, Pestizide und eine Infrastruktur, die ohne billiges Öl nicht funktioniert.

Regenerative Landwirtschaft? Funktioniert auch ohne all das. **Will Harris hat bewiesen, dass man Böden nicht zerstören muss, um Geld zu verdienen.**

Joel Salatin und die Polyface Farm – Landwirtschaft mit der Natur statt gegen sie

Wenn es jemanden gibt, der das Narrativ der „modernen" Landwirtschaft zerlegt, dann ist es **Joel Salatin**.

Ein Farmer aus Virginia, der sich von Anfang an weigerte, den Weg der industrialisierten Landwirtschaft zu gehen. Seine **Polyface Farm** ist der Inbegriff dessen, was Landwirtschaft sein kann: **Ein lebendiges System, in dem Tiere, Pflanzen und Menschen in einem natürlichen Kreislauf existieren.**

Seine Hühner picken die Weiden sauber, fressen Insekten, verteilen Nährstoffe. Seine Kühe wandern von Fläche zu Fläche, fressen Gras, treten Saatgut in den Boden, bauen Humus auf. Seine Schweine wühlen im Waldboden, graben ihre eigene Nahrung aus, schaffen neue Lebensräume.

Kein Kunstdünger, keine Pestizide, keine Antibiotika.

Und dennoch – oder gerade deshalb – produziert er mehr Lebensmittel auf seinen Flächen als die meisten industriellen Betriebe.

Er hat gezeigt, dass Landwirtschaft nicht Zerstörung bedeutet, sondern **Schöpfung**.

Dass Böden reicher werden können, anstatt sich jedes Jahr weiter zu erschöpfen.

Dass man Lebensmittel herstellen kann, ohne auf gigantische Lieferketten angewiesen zu sein.

Dass man als Landwirt **frei sein kann** – und nicht nur ein abhängiges Rädchen in einem globalen Konzernsystem.

Und er hat bewiesen, dass **es sich wirtschaftlich lohnt**.

Denn das ist der Punkt: Regenerative Landwirtschaft ist nicht nur besser für die Natur – sie ist auch profitabler. **Aber eben nur für den, der direkt vom Land lebt. Nicht für Chemiekonzerne, nicht für Banken, nicht für Lobbyisten.**

Und in Europa?
Die Bewegung wächst.

Wer glaubt, das seien nur amerikanische Phänomene, der hat nicht aufgepasst.

Auch in Europa gibt es längst Menschen, die den Weg gehen.

DER SCHEUERHOF IN WITTLICH – PERMADIES IN DEUTSCHLAND

Viviane Theby hat mit ihrem Hof in der Eifel eines der ersten Modelle für **Holistic Management nach Allan Savory in Deutschland** etabliert. Sie hat erkannt, dass gesunde Böden das Ergebnis von gutem Weidemanagement sind – nicht von immer neuen Maschinen oder Wundermitteln.

PULICARO IN ITALIEN – EIN REGENERATIVER AGRITOURISMUS-HOF

Die Familie Pulicaro zeigt, wie Landwirtschaft und Tourismus Hand in Hand gehen können, ohne den Boden zu erschöpfen. Sie haben bewiesen, dass nachhaltige Lebensmittelproduktion nicht im Widerspruch zur modernen Wirtschaft steht, sondern deren Grundlage sein kann.

GUT HAIDEHOF BEI HAMBURG – DIE NÄCHSTE GENERATION REGENERATIVER LANDWIRTE

Eine Gruppe junger Menschen hat begonnen, aus einem alten Hof ein regeneratives Musterbeispiel zu machen. **Sie zeigen, dass es nicht nur „die alten Hasen" sind, die diesen Weg gehen – sondern dass es eine neue Generation gibt, die bereit ist, das Ruder zu übernehmen.**

Und das sind nur drei Beispiele.

Überall in Europa entstehen regenerative Farmen, kleine Netzwerke, neue Strukturen.

Noch sind sie nicht überall sichtbar.

Noch stehen sie im Schatten der industriellen Giganten.

Aber sie wachsen. Und sie gedeihen.

Warum jeder Einzelne Teil
dieser Revolution sein kann

Das hier ist keine Bewegung von Experten und Wissenschaftlern.

Es sind nicht irgendwelche Regierungsprogramme, die jetzt plötzlich eine Kehrtwende bringen werden.

Es sind Menschen, die selbst handeln.

Landwirte, die sich aus dem System lösen und direkt mit Kunden zusammenarbeiten.

Verbraucher, die bewusst entscheiden, wo sie kaufen und wen sie unterstützen.

Gemeinschaften, die zusammen Land erwerben, Höfe wiederbeleben, Wissen teilen.

Diese Bewegung wächst **nicht, weil ein Gesetz es vorschreibt.**

Sie wächst, weil Menschen endlich verstanden haben, dass **ihre Zukunft nicht in den Händen von Politikern oder Konzernen liegt.**

Es gibt kein Warten mehr.

Jeder kann etwas tun.

Jeder kann regenerative Landwirtschaft unterstützen.

Jeder kann Land zurückholen, Böden aufbauen, Strukturen schaffen.

Warum der radikal-regenerative Hof keine Steinzeit, sondern Zukunft ist

Wir reden viel von Deindustrialisierung der Landwirtschaft. Und ja – das meinen wir ernst.

Aber vielleicht ist es Zeit, einmal kurz den Druck aus dem Kessel zu nehmen und zu sagen, was wir damit nicht meinen.

Wir wollen keine Pferdepflugromantik.

Keine Strohhut-Ideologie.

Und ganz sicher keine Rückkehr in eine Welt, in der der Mensch zwölf Stunden am Tag schuftet, um am Ende ein Brot, ein Ei und einen Hexenschuss zu haben.

Nein – wir sind nicht gegen Maschinen.

Wir sind nicht gegen Technologie, gegen Skalierung, gegen Effizienz.

Wir sind nur gegen Industrie ohne Mensch.

Denn genau das ist heute unser Problem:

Die Landwirtschaft wurde industriell **nicht um der Menschen willen**, sondern **auf ihre Kosten** umgebaut.

Es geht nicht mehr um Boden, um Pflanzen, um Tiere.

Es geht um *„Output pro Hektar"*. Um *„Vollkostenrechnung"*. Um *„Strukturwandel"*.

Und am Ende arbeiten auf 500 Hektar zwei Menschen – mit Burnout, GPS-Lenksystem und Subventionen im Nacken.

Die drei Des:
Der Weg zurück in die Zukunft

Wenn wir heute von einer neuen Landwirtschaft sprechen – von einer Landwirtschaft, die Leben erhält statt zerstört – dann meinen wir im Kern drei Dinge. Drei Befreiungsschläge. Drei Rückeroberungen.

Deindustrialisierung.
Dezentralisierung.
Dekommodifizierung.

1. DEINDUSTRIALISIERUNG

Industrie hat viel Gutes gebracht. Aber sie hat auch etwas zerstört, das sich nicht in Stückzahlen oder PS messen lässt: **Beziehung**.

Beziehung zum Boden. Zum Tier. Zur Arbeit. Zum Ergebnis. Und zum Menschen selbst.

Deindustrialisierung heißt nicht Rückschritt – sondern Rückbindung.

Es geht nicht darum, alles per Hand zu machen.

Es geht darum, dass wir **wissen, was wir tun**. Dass wir es **gestalten**, nicht nur „managen".

Dass wir wieder Schöpfer werden – und nicht bloß Bediener von Systemen.

Will Harris nennt das: *A bold return to giving a damn.*

Ein mutiger Schritt zurück in eine Welt, in der einem etwas wieder **etwas bedeutet**.

Und genau das beginnt bei der Landwirtschaft. Denn dort wurde der Mensch zuerst ersetzt. Durch Maschinen, Märkte, Manager.

2. DEZENTRALISIERUNG

Kein Hof ist wie der andere. Kein Boden. Kein Klima. Keine Menschen.

Und trotzdem wird Landwirtschaft heute zentral geplant: Förderbedingungen, Düngeverordnungen, Handelsstandards, digitale Plattformen, globalisierte Lieferketten.

Ein Hof darf heute fast alles – **außer er selbst sein.**

Dezentralisierung heißt:

→ Macht zurück an den Ort des Geschehens.

→ Verantwortung zurück in die Hände derer, die gestalten wollen.

→ Entscheidungen zurück auf die Ebene, wo sie sichtbar wirken.

Ein regenerativer Hof ist nie „Skalierbarkeitseinheit". Er ist **Zelle**.

Lebendig, einzigartig, eigenständig. Und dort, wo viele solcher Zellen miteinander kooperieren, entstehen Netzwerke – keine Konzerne.

Eine freie Gesellschaft wächst von unten – oder gar nicht.

3. DEKOMMODIFIZIERUNG

In der industrialisierten Welt ist alles eine Ware. Kühe sind Kilogramm. Tomaten sind Zahlen. Menschen sind „Arbeitskräfte". Der Markt bewertet, was sich messen lässt – und ignoriert, was wertvoll ist.

Dekommodifizierung bedeutet:

→ Lebensmittel wieder als Lebensmittel zu behandeln. Nicht als „Futter für Märkte".

→ Land nicht als Spekulationsobjekt. Tiere nicht als Inputfaktor.

→ Arbeit nicht als lästige Kostenstelle, sondern als Ausdruck menschlicher Würde.

Ein regenerativer Hof ist kein Betrieb. **Er ist ein Ort des Lebens.** Und wer dort arbeitet, verkauft nicht seine Zeit – sondern bringt sich ein.

Er schafft mit, gestaltet mit, lebt mit.

Der Hof ist der Anfang – nicht das Ende

Und jetzt stell dir mal vor: Ein Hof. Regenerativ. Radikal holistisch. Kein industrielles Fließband. Aber auch kein Steinzeitcamp.

Ein Ort, an dem wieder echte Lebensmittel entstehen – durch Menschen, nicht durch Managementsysteme. Ein Hof, der Boden aufbaut, statt ihn abzutragen. Der Tiere hält, weil sie dazugehören – nicht, weil sie im System verwertbar sind.

Ein Ort, an dem Arbeit wieder sinnvoll ist. Spürbar. Gestaltbar.

Und dann: Dieser Hof ist **nicht das Ende** – er ist **der Anfang**.

Denn von hier aus geht's los. Hier entsteht nicht nur Essen – hier entsteht Gemeinschaft. Weil so ein Hof Menschen braucht. Viele. Nicht zwei mit GPS, sondern zwanzig mit Ideen.

Hier kommen Handwerker dazu. Gärtner. Metzger. Erfinder. Baumeister.

Vielleicht ein Café. Vielleicht ein Dorfladen.

Vielleicht ein Tüftler, der den besten Hühnerstall der Welt baut.

Und irgendwann fragt jemand:

„Warum machen wir nicht einfach eine eigene kleine Gemeinschaft daraus? Eine freie Stadt?"

Und genau da schließt sich der Kreis.

Die goldene Mitte ist keine Utopie – sie ist möglich

Aber Achtung: Nur weil wir sagen, dass alles mit einem Hof beginnt, heißt das nicht, dass dieser Hof ein Museum sein muss.

Wir wollen keine pure Handarbeit. Keine rückwärtsgewandte Askese.

Denn die Wahrheit ist: Es braucht **beides**.

Die Freiheit, etwas mit der Hand zu machen.

Und die Möglichkeit, das Beste davon auch zu skalieren.

Kreativität entsteht nicht in Konzernen.

Sie entsteht in der Garage, in der Scheune, auf dem Feld.

Sie entsteht dort, wo Menschen frei sind – auch zu scheitern.

Und genau das darf niemals wegrationalisiert werden.

Denn ohne Freiheit keine Idee.

Ohne Idee keine Veränderung.

Ohne Veränderung kein „Raus hier!"

Industrialisierung ist nicht das Böse.

Sie ist nur dann gefährlich, wenn sie glaubt, sie sei alles.

Wenn sie glaubt, dass nur zählt, was sich zählen lässt.

Wenn sie das Chaos der Freiheit mit dem Ordnungswahn der Effizienz ersetzt.

Deshalb sagen wir:

Nicht zurück. Nicht durchdrehen.

Sondern raus hier – in die goldene Mitte.

Dort,
wo Handarbeit wieder Bedeutung hat.
Wo Technologie dient – statt bestimmt.
Wo eine neue Landwirtschaft beginnt –
und mit ihr eine neue Gesellschaft.

Von unten.
Dezentral.
Radikal frei.
Und am Anfang steht ein Hof.

08 Stadtflucht – Die Rückkehr zu den Landwirten

Es geht nicht darum, dass jeder sein eigenes Stückchen Land kauft, sich eine Kuh anschafft und morgens mit der Mistgabel in den Sonnenaufgang stapft.

Nicht jeder muss Bauer werden.

Aber jeder sollte wissen, wo sein Essen herkommt.

Die Wahrheit ist: Unser modernes Leben hängt an wenigen, fragilen Fäden. Supermärkte, Lieferketten, Importe aus fernen Ländern – all das funktioniert nur so lange, wie das System stabil bleibt. Doch was passiert, wenn es wackelt? Wenn Transportwege brechen, wenn Subventionen versiegen, wenn plötzlich kein billiges Soja aus Übersee mehr kommt?

Dann wird es entscheidend, zu wissen, wer wirklich dafür sorgt, dass wir essen können. Und genau hier liegt der Fehler, den die meisten machen: Sie denken, sie könnten sich unabhängig machen, indem sie einfach ihre eigenen Tomaten ziehen.

Doch die Lösung liegt nicht darin, dass Millionen Städter plötzlich Gemüsegärten anlegen. Die Lösung liegt darin, dass wir wieder erkennen, wer das Rückgrat unserer Versorgung ist – **die Landwirte.**

Lerne die Landwirte kennen – die echten.

Über Jahrzehnte hinweg hat man uns den Landwirt als klischeehaften „Bauern" verkauft. Stroh im Mundwinkel, Traktor unterm Hintern, Subventionen auf dem Konto. Ein Bild aus Werbebroschüren und Wahlkampagnen, das mit der Realität wenig zu tun hat.

Denn die Landwirtschaft, die uns heute ernährt, ist nicht mehr das kleine Familienunternehmen von nebenan. Sie ist ein hochindustrialisiertes System, gesteuert von Agrarkonzernen, Handelsketten und staatlicher Regulierung. Der Großteil der „modernen Bauern" ist längst zu reinen Produktionsmanagern geworden – unter ständigem Druck, mehr zu produzieren, billiger zu liefern, effizienter zu arbeiten.

Doch es gibt sie noch. Diejenigen, die nicht auf den Staat warten. Diejenigen, die verstanden haben, dass man sich nicht aus einem sterbenden System herausretten kann. Diejenigen, die ihre Betriebe so umstellen, dass sie nicht nur überleben – sondern blühen, wachsen und andere mitziehen.

Die regenerativen Landwirte.

Wer in Zukunft noch essen will, sollte genau diese Menschen kennen. Denn sie sind es, die mit lebendigem Boden, gesunden Tieren und stabilen regionalen Wirtschaftskreisläufen eine Alternative aufbauen. Und genau mit ihnen müssen wir uns verbinden.

Wie eine regenerative Farm ein ganzes Dorf wiederbelebt

Wer verstehen will, warum Stadtflucht nicht bedeutet, sich „einfach nur aufs Land zu retten", sondern eine gesamte Wirtschaftsstruktur neu aufzubauen, sollte sich White Oak Pastures ansehen, oder Will Harris' Buch „A bold Return of giving a Damn" lesen.

Will Harris übernahm die Farm von seinem Vater. Damals war es eine industrielle Monokultur, optimiert auf Effizienz: 500 Hektar Land, zwei Menschen, eine Handvoll Produkte. Eine Farm, die vollständig von Lieferketten, Großabnehmern und der Chemieindustrie abhängig war. Eine Farm, die wie eine Fabrik funktionierte – ohne Seele, ohne Zukunft.

Dann machte er genau das Gegenteil dessen, was ihm alle geraten hatten.

Er stellte auf **Holistic Management** um.

Er brachte **Tiere zurück auf die Weiden**, statt sie mit importiertem Soja in Feedlots zu mästen.

Er baute **den Boden wieder auf**, statt ihn mit Kunstdünger künstlich am Leben zu halten.

Und dann passierte das, womit niemand gerechnet hatte: Die Farm explodierte – **nicht industriell, sondern organisch.**

Plötzlich gab es nicht nur mehr Ertrag, sondern auch mehr Arbeit.

Plötzlich wurden aus zwei Menschen auf 500 Hektar **über 180 Arbeitsplätze**.

Denn eine regenerative Farm ist nicht nur eine Farm. Sie ist der **Motor für eine ganze Region**.

Metzger waren nötig, um das Fleisch direkt vor Ort zu verarbeiten.

Handwerker wurden gebraucht, um Gebäude zu renovieren, Maschinen zu reparieren, Infrastruktur zu bauen.

Bäcker, Käser und Gärtner entstanden aus der Notwendigkeit heraus, aus den Rohstoffen echte Lebensmittel zu machen.

Märkte, Cafés und Gasthäuser entwickelten sich als natürliche Konsequenz einer Wirtschaft, die wieder lokal funktionierte.

Was White Oak Pastures zeigte, kann überall passieren. Denn regenerativer Wohlstand ist **kein Zufall** – er ist das Ergebnis eines lebendigen Wirtschaftskreislaufs.

Warum Dörfer ohne Landwirtschaft nicht funktionieren

Ein Dorf ist kein Wohnviertel mit ein bisschen Natur drumherum. Ein Dorf ist eine Wirtschaftsgemeinschaft. Und historisch gesehen gab es keine Dörfer ohne Landwirtschaft.

Eine funktionierende Gesellschaft beginnt immer mit einer einfachen Frage:

Woher kommt das Essen?

Wenn eine Region ihre eigene Nahrung produziert, ist sie unabhängig.

Wenn eine Region ihr eigenes Wasser halten kann, ist sie widerstandsfähig.

Wenn eine Region ihre eigenen Handwerker, Verarbeiter und Händler hat, braucht sie keine Subventionen.

Die Industrialisierung der Landwirtschaft hat genau diesen Zusammenhang zerstört.

Sie hat die Menschen von den Bauern entkoppelt.

Sie hat das Dorf zur reinen Wohnsiedlung degradiert.

Sie hat die Wertschöpfung aus den ländlichen Gebieten herausgezogen und in die Städte verlagert.

Das Ergebnis? Sterbende Dörfer.

Dörfer, in denen es keine Metzger mehr gibt, weil das Fleisch aus Sonstwoher kommt.

Dörfer, in denen es keine Bäcker mehr gibt, weil das Brot industriell produziert wird.

Dörfer, in denen es keine Handwerker mehr gibt, weil niemand mehr vor Ort investiert.

Dörfer, die nur noch existieren, aber nicht mehr leben.

Wie wir sie zurückholen können

Die gute Nachricht ist: **Wir müssen das Rad nicht neu erfinden.**

Überall gibt es regenerative Landwirte, die zeigen, wie es geht.

Überall gibt es Menschen, die sich fragen, wie sie Teil davon werden können.

Man muss keinen eigenen Hof kaufen, um mitzumachen.

Aber man kann – und sollte – sich mit denen verbinden, die es bereits tun.

Wer einen regenerativen Betrieb unterstützt, tut mehr als nur gute Lebensmittel kaufen.

Er trägt dazu bei, dass das Dorf wieder wirtschaftlich wird.

Er hilft, Infrastruktur vor Ort aufzubauen – Schlachthäuser, Käsereien, Mühlen, all das, was eine funktionierende Region ausmacht.

Er sorgt dafür, dass Wissen weitergegeben wird, Netzwerke entstehen und Strukturen wachsen.

Das ist der Unterschied zu jeder anderen Stadtflucht-Idee.

Es geht nicht darum, aufs Land zu ziehen und „irgendwas Ökologisches" zu machen.

Es geht darum, sich mit denen zu verbinden, die das Land bereits regenerieren – **und daraus eine echte, funktionierende Gemeinschaft zu machen.**

Stadtflucht ist nicht das Ziel – sie ist der Anfang.

Wer aus der Stadt raus will, weil er Angst vor der Zukunft hat, wird nur eine neue Sackgasse finden.

Wer raus will, weil er Teil von etwas Neuem werden will, wird eine echte Zukunft aufbauen.

Es geht nicht darum, wegzulaufen.

Es geht darum, sich wieder zu verbinden.

Die neue Landwirtschaft ist nicht einfach nur ein Weg, um „nachhaltiger" zu leben.

Sie ist der Schlüssel zur Wiederbelebung unserer Dörfer, unserer Böden – und letztlich auch unserer Freiheit.

Die Zukunft ist kein Großstadttraum mit vertikalen Indoor-Farmen und Laborfleisch.

Die Zukunft ist ein regeneratives, lebendiges Land.

Und sie beginnt genau dort, **wo du die Landwirte findest, die sie bereits aufbauen.**

09 Bitcoin, Gold & Silber – Das neue Fundament für eine freie Landwirtschaft

Es ist eine der großen Illusionen unserer Zeit: Dass Landwirtschaft und Geld nichts miteinander zu tun hätten.

Fragt man einen modernen Landwirt nach seinen größten Problemen, wird er selten über das Wetter sprechen.

Er wird auch nicht über seine Böden klagen – denn Böden kann man regenerieren.

Er wird über **Banken sprechen. Über Kredite. Über Schulden.**

Denn das eigentliche Problem der Landwirtschaft ist nicht technischer Natur. Es ist finanzieller Natur.

Geld ist die Grundlage der Wirtschaft.

Und wenn das Geld manipuliert wird, dann wird auch alles manipuliert, was darauf aufbaut.

Wie das alte Geld die Landwirtschaft zerstört hat

Das heutige Finanzsystem hat die Landwirtschaft in die Knie gezwungen.

Es hat sie ausbluten lassen.

Es hat sie von einem einst unabhängigen, selbsttragenden System in eine Industrie verwandelt, die ohne Kredite, Subventionen und künstliche Märkte nicht mehr überlebensfähig ist.

Früher war ein Hof etwas, das man von einer Generation zur nächsten weitergab.

Heute ist ein Hof etwas, das **finanziert werden muss**.

Wer Land kaufen will, braucht einen Kredit. Wer Maschinen kaufen will, braucht einen Kredit. Wer investieren will, muss sich verschulden.

Und die Schulden? Sie sind kein einfaches Geschäft. Sie sind eine Kette. Eine Fessel.

Denn das heutige Geldsystem basiert darauf, dass Schulden immer weiterwachsen müssen.

Das bedeutet, dass Landwirte sich immer mehr anpassen müssen – nicht an die Natur, sondern an die Anforderungen der Banken, der Märkte, der staatlichen Vorgaben.

Es ist kein Zufall, dass die Landwirtschaft in den letzten Jahrzehnten immer mehr industrialisiert wurde.

Es war nicht die Nachfrage nach „mehr Effizienz".

Es war nicht die „technologische Entwicklung".

Es war **das Finanzsystem, das es erzwungen hat**.

Denn in einem System, in dem Wachstum alternativlos ist, kann es keine kleinbäuerlichen Strukturen mehr geben.

Es gibt nur noch eines: Skalierung.

Mehr Land, mehr Maschinen, mehr Produktion – bis zur totalen Abhängigkeit.

Warum Subventionen keine Lösung sind

Subventionen sind das Schmerzmittel eines kaputten Systems. Sie lindern die Symptome – aber sie heilen die Krankheit nicht.

Wenn ein Landwirt von Subventionen lebt, dann gehört sein Betrieb nicht ihm.

Er gehört dem Staat.

Denn mit dem Geld kommen die Bedingungen:

→ Welche Tiere gehalten werden dürfen.

→ Welche Pflanzen gefördert werden.

→ Welche Anbaumethoden erlaubt sind.

→ Wie viel CO_2 „gespeichert" werden muss, um Zertifikate zu bekommen.

Es ist eine neue Form der Planwirtschaft – nur dass sie diesmal nicht Sozialismus heißt, sondern „nachhaltige Agrarpolitik".

Subventionen haben die Bauern in Abhängigkeit gebracht.

Sie haben den Wettbewerb zerstört.

Sie haben Landwirte in die Rolle von Bittstellern gedrängt, statt sie zu freien Unternehmern zu machen.

Und genau deshalb ist die einzige Lösung: **Ein neues Geld.**

Bitcoin, Gold & Silber – Das Fundament für eine freie Landwirtschaft

Es gibt einen Grund, warum Bitcoin in diesem Manifest auftauchen muss. Es ist nicht, weil es ein cooles Spekulationsobjekt ist. Nicht, weil es eine neue Technologie ist. Sondern weil es **das erste wirklich freie Geld seit Jahrhunderten ist**.

Bitcoin kann nicht von Zentralbanken manipuliert werden.

Bitcoin kann nicht nach Belieben entwertet werden.

Bitcoin kann nicht eingefroren oder kontrolliert werden.

Und das bedeutet: **Bitcoin gibt Landwirten ihre Unabhängigkeit zurück**.

Wer Bitcoin besitzt, braucht keine Bank, die ihm erlaubt, Geld zu bewegen.

Wer mit Bitcoin bezahlt, braucht keinen Vermittler, der mitverdient.

Wer Bitcoin spart, ist nicht mehr dem schleichenden Diebstahl durch Inflation ausgesetzt.

Es gibt bereits Landwirte, die Bitcoin als Werkzeug nutzen.

Sie finanzieren damit Maschinen, ohne sich bei Banken zu verschulden.

Sie verkaufen direkt an Kunden, ohne Abzüge durch Zwischenhändler.

Sie halten ihr Vermögen in etwas, das nicht mit einem Knopfdruck entwertet werden kann.

Bitcoin ist nicht einfach eine neue Währung.

Es ist **die Möglichkeit, ein System zu verlassen, das Landwirte jahrzehntelang ausgeblutet hat**.

Und für diejenigen, die lieber auf etwas Bewährtes setzen:

Gold und Silber sind genauso Teil der Lösung.

Denn auch sie sind **echtes Geld**.

Geld, das nicht von einer Regierung entwertet werden kann.

Geld, das über Jahrtausende funktioniert hat – und es immer noch tut.

Die Zukunft der Landwirtschaft gehört denen, die sich nicht mehr erpressen lassen

Die Wahrheit ist: Wer seine Finanzen nicht kontrolliert, kontrolliert auch seinen Betrieb nicht.

Und genau deshalb ist der nächste Schritt für eine **wirklich freie, regenerative Landwirtschaft nicht nur eine neue Art des Wirtschaftens – sondern auch eine neue Art des Finanzierens**.

Land kaufen, ohne Banken.

Produkte verkaufen, ohne Zwischenhändler.

Gemeinschaften aufbauen, ohne staatliche Kontrolle.

All das ist möglich.

All das passiert bereits.

Und all das beginnt mit dem richtigen Fundament: **Echtem Geld**.

Die Landwirtschaft der Zukunft wird nicht von der Politik gerettet.

Sie wird nicht durch Reformen entstehen.

Sie wird von denen aufgebaut, die endlich aufhören, sich mit einem System abzufinden, das nicht für sie gemacht wurde.

Die Entscheidung liegt bei uns.

10 Das neue Dorf – Die Vision einer freien, regenerativen Zukunft

Es gibt Orte, die existieren nur auf der Landkarte.

Sie stehen nicht in Wirtschaftsmagazinen, sie tauchen nicht in den Zukunftsplänen der Politiker auf, und doch sind sie die einzige echte Alternative zu einem System, das längst an seinen eigenen Widersprüchen erstickt.

Diese Orte sind nicht die Städte mit ihren gläsernen Türmen und endlosen Lieferketten.

Es sind auch nicht die seelenlosen Vororte, in denen das Leben nur eine Aneinanderreihung von Arbeitswegen und Supermarktbesuchen ist.

Es sind die **Dörfer, die wieder erwachen**.

Es geht nicht darum, irgendwo auf der grünen Wiese neue Dörfer zu gründen.

Es geht um die Dörfer, in denen das letzte Geschäft vor zehn Jahren geschlossen hat, die buchstäblich nur noch auf der Landkarte existieren.

Die Weiler, in denen sich die letzten Bewohner fragen, warum die Jugend weggezogen ist.

Die Bauernhöfe, die leer stehen, weil sich kein Nachfolger mehr findet. **Genau diese Orte müssen wir finden und zurückholen.**

Nicht mit neuen Subventionen, nicht mit romantischen Stadtflucht-Träumen, sondern mit echter, funktionierender Wirtschaft. Mit regenerativer Landwirtschaft, direkter Wertschöpfung, lokalen Märkten, einer Infrastruktur, die wieder Arbeit und Leben möglich macht.

Die Zukunft liegt nicht irgendwo – sie liegt genau dort, wo das Alte zerfällt.

Denn was tot scheint, kann wiederbelebt werden. Man muss es nur tun.

Warum das alte Dorf unterging – und warum das neue anders sein wird

Es gab eine Zeit, in der ein Dorf nicht einfach nur ein Wohnort war. Es war ein Organismus. Bauern versorgten die Handwerker, Handwerker versorgten die Händler, Händler versorgten die Gemeinschaft. Jedes Dorf hatte seine eigene, autarke Wirtschaft. Es war nicht perfekt, aber es war lebendig.

Dann kam die Industrialisierung der Landwirtschaft.

Maschinen ersetzten Menschen. Große Höfe verschluckten kleine. Der Staat machte Bauern mit

Subventionen gefügig, Banken machten sie mit Krediten abhängig, Konzerne diktierten, was angebaut wurde und für welchen Preis. Am Ende blieben nur noch Schlafdörfer übrig, in denen niemand mehr von der Erde lebte.

Doch das **bedeutet nicht, dass Dörfer überholt sind**.

Es bedeutet nur, dass sie ein neues Fundament brauchen.

Das neue Dorf: Wirtschaft, die von unten kommt

Ein Dorf wird nicht dadurch wiederbelebt, dass Menschen einfach aufs Land ziehen und dort Häuser zu überteuerten Preisen kaufen und bewohnen.

Es wird nicht wieder lebendig, indem es zum Ferienparadies für gestresste Städter wird.

Es wird erst dann wieder ein Dorf, wenn dort **echte Wertschöpfung passiert**.

Das neue Dorf ist kein Museumsdorf, in dem man alte Traditionen aus nostalgischen Gründen weiterführt.

Es ist kein Rückzugsort für Aussteiger, die das Leben als Selbstversorger ausprobieren wollen.

Es ist ein **Wirtschaftsraum – aber einer, der nicht auf Wachstum um jeden Preis setzt, son-**

dern auf Stabilität, Autonomie und Resilienz.

Es wird nicht von Banken finanziert, sondern von Menschen getragen, die wissen, dass Wohlstand aus echter Produktion entsteht.

Es hängt nicht an globalen Lieferketten, weil es sich selbst versorgt.

Es ist nicht auf staatliche Fördergelder angewiesen, weil es durch seine eigene Produktivität existiert.

Was macht ein Dorf wirklich autark?

Viele denken, Autarkie bedeutet, alles selbst zu machen. Doch das ist ein Irrtum.

Ein Dorf muss nicht alles können. Es muss nur so **vernetzt sein, dass es unabhängig ist.**

Will Harris hat es mit White Oak Pastures vorgemacht. Seine Farm ist kein isolierter Bauernhof, sondern das wirtschaftliche Zentrum einer ganzen Region. Weil er nicht nur Fleisch produziert, sondern es selbst verarbeitet. Weil er nicht nur Tiere hält, sondern ihre Nebenprodukte nutzt. Weil um seine regenerative Farm herum ein Netzwerk von Metzgern, Handwerkern, Lederproduzenten, Lebensmittelverarbeitern und Händlern entstanden ist.

Genau das ist die Zukunft.

Das neue Dorf wird nicht nur Landwirtschaft betreiben, sondern **Produkte erschaffen, die einen Wert haben**.

Es wird nicht nur Nahrung produzieren, sondern **sie auch verarbeiten, veredeln und direkt vermarkten**.

Es wird nicht nur für sich selbst wirtschaften, sondern **sich mit anderen freien Dörfern vernetzen**.

Es geht nicht darum, das alte Dorf künstlich am Leben zu halten.

Es geht darum, eine neue Art des Wirtschaftens zu etablieren, in der Land, Nahrung und Arbeit wieder echte Werte haben – nicht als Finanzprodukte, sondern als Lebensgrundlage.

Warum dieses Mal alles anders ist

Die erste Welle der Stadtflucht im 20. Jahrhundert scheiterte, weil sie romantisiert wurde.

Menschen zogen aufs Land und merkten, dass ein paar Tomaten im Garten nicht ausreichen, um ein funktionierendes Wirtschaftssystem zu ersetzen.

Doch dieses Mal ist es anders.

Heute wissen wir, dass regenerative Landwirtschaft nicht nur nachhaltig, sondern wirtschaftlich überlegen ist.

Heute wissen wir, dass dezentrale Strukturen effizienter sind als zentralisierte Systeme.

Heute wissen wir, dass wahre Unabhängigkeit nicht in Isolation entsteht, sondern in **Netzwerken, die von unten wachsen**.

Heute haben wir Bitcoin, ein echtes nicht manipulierbares und nicht inflationierbares Geld, das keine staatliche Erlaubnis braucht.

Die neuen Dörfer entstehen nicht durch politischen Willen, sondern weil das alte System nicht mehr funktioniert.

Sie entstehen nicht durch staatliche Programme, sondern durch Menschen, die verstanden haben, dass sie sich selbst versorgen müssen.

Sie entstehen nicht durch utopische Theorien, sondern weil es bereits Orte gibt, die zeigen, dass es geht.

Überall gibt es regenerative Höfe, die ihre eigene Wirtschaft aufbauen.

Überall entstehen Netzwerke von Menschen, die aus der Abhängigkeit ausbrechen.

Überall zeigt sich, dass die wirkliche Alternative nicht ein reformierter Staat ist, sondern **ein freies Dorf, das sich selbst trägt**.

Die Zukunft gehört denen, die nicht mehr darauf

warten, dass irgendjemand eine Lösung findet.

Sie gehört denen, die ihre eigene Lösung erschaffen.

Und genau hier beginnt sie – **mit den neuen Dörfern, die jetzt entstehen**.

Die Rückeroberung des Landes 11 – Kaufen wir die Dörfer zurück!

Stell dir vor, du wachst auf und erfährst, dass dein Dorf verkauft wurde. Nicht an Menschen, die dort leben und wirtschaften wollen. Nicht an Bauern, die das Land regenerieren und es für künftige Generationen fruchtbar halten. Sondern an einen Investmentfonds in Hongkong, an eine Agrarfirma in den USA oder an einen anonymen Milliardär, der Land hortet wie ein Sammler seine Briefmarken – nicht, um es zu nutzen, sondern um es als Spekulationsobjekt liegen zu lassen.

Was absurd klingt, ist längst Realität. Überall werden landwirtschaftliche Flächen aufgekauft, nicht, weil jemand dort etwas anbauen will, sondern weil Land die ultimative Absicherung gegen Inflation ist. Währenddessen stehen Höfe leer, weil sie für junge Landwirte unerschwinglich geworden sind. Währenddessen sterben Dörfer aus, weil es keine Arbeit mehr gibt. Währenddessen sitzen Millionen in überteuerten Mietwohnungen und ahnen nicht, dass es auch anders ginge.

Es gibt ein Wort für diese Situation: Wahnsinn.

Aber es gibt auch eine Lösung.

Warum wir das Land zurückkaufen müssen

Landwirtschaft war nie eine Industrie wie jede andere. Sie war die Grundlage der Zivilisation, der Ursprung jeder funktionierenden Gesellschaft. Ein Dorf existiert nicht einfach nur, weil dort Menschen wohnen. Es existiert, weil es Nahrung produziert, weil es Ressourcen verarbeitet, weil es wirtschaftliche Kreisläufe schafft. Wenn dieses Fundament verschwindet, wird das Dorf zur leeren Hülle.

Genau das ist passiert.

Die Industrialisierung der Landwirtschaft hat die Menschen von der Erde getrennt. Subventionen haben sie abhängig gemacht. Bürokratie hat es fast unmöglich gemacht, ohne staatliche Förderung einen Hof zu betreiben. Am Ende gehörte das Land nicht mehr denen, die es bewirtschafteten, sondern denen, die es als Kapitalanlage sehen.

Doch das alte Spiel hat eine Schwachstelle. Land gehört immer noch dem, der es besitzt. Und wenn wir es zurückkaufen, holen wir nicht nur Ackerflächen zurück – wir holen unsere Zukunft zurück.

Wie wir das Land zurückholen können

Das größte Hindernis für viele ist die Frage: Wie soll man sich das leisten? Land ist teuer, Banken finanzieren nur unter bestimmten Bedingungen, und ohne Kredit geht es anscheinend nicht. Aber das ist nur dann wahr, wenn man das alte System als alternativlos akzeptiert. Es gibt andere Wege.

Die erste Möglichkeit liegt in echtem Geld. Wer Land kaufen will, ohne sich für Jahrzehnte an eine Bank zu binden, muss sich von der Idee verabschieden, dass Fiat-Währungen eine sichere Basis sind. Bitcoin, Gold und Silber sind nicht nur Wertaufbewahrungsmittel – sie sind die einzigen Formen von Geld, die sich nicht inflationieren lassen, die nicht von Zentralbanken manipuliert werden und die langfristig sicherstellen, dass Eigentum nicht durch schleichende Entwertung entzogen wird.

Die zweite Möglichkeit ist, nicht allein zu handeln. Kein Mensch muss einen ganzen Hof kaufen, keine Familie muss ein ganzes Dorf alleine übernehmen. Netzwerke, Investorenpools und Gemeinschaftsprojekte bieten die Chance, Land gemeinsam zu erwerben und sinnvoll zu nutzen. Die Geschichte zeigt, dass diejenigen, die sich organisieren, die Welt gestalten – nicht diejenigen, die darauf warten, dass es jemand anders tut.

Und die dritte Möglichkeit besteht darin, den richtigen Blick auf das Land zu bekommen. Wer nur nach dem perfekten Grundstück sucht, wird lange suchen. Aber wer sich vernetzt, wer regenerative Landwirte kennt, wer mit anderen zusammen eine neue Wirtschaft aufbaut, findet genau die Orte, an denen echte Veränderung möglich ist.

Was passiert, wenn wir das Land zurückhaben?

Die Antwort ist einfach: Dann hört das Dorf auf, eine Wohnsiedlung zu sein, und wird wieder eine funktionierende Gemeinschaft. Regenerative Landwirtschaft ist nicht nur eine Methode, um Boden aufzubauen – sie ist der Motor für eine ganze Wirtschaft. Wo fruchtbare Böden entstehen, entstehen Arbeitsplätze. Wo Menschen wieder auf dem Land arbeiten, blühen Märkte, Handwerk, Infrastruktur.

White Oak Pastures hat es vorgemacht. Will Harris hat seinen Hof aus dem industriellen Sumpf befreit und ihn zu einem lebendigen Ökosystem gemacht, das über hundert Menschen beschäftigt. Nicht, weil er auf Subventionen gesetzt hat, sondern weil er das Land als das begriffen hat, was es ist: die Grundlage einer freien, selbstbestimmten Wirtschaft.

Warum jetzt der perfekte Zeitpunkt ist

Das alte System funktioniert nicht mehr. Es steht noch, aber es wankt. Agrarkonzerne und Investoren können keine lebendige Landwirtschaft aufbauen – sie können nur verwalten und maximieren. Doch echte Wirtschaft entsteht dort, wo Menschen für sich selbst produzieren, wo sie das, was sie schaffen, in ihren eigenen Händen halten.

Die Gelegenheit ist da. Überall gibt es Höfe, die niemand übernimmt. Überall gibt es Menschen, die eine neue Wirtschaft aufbauen wollen. Und überall gibt es die Möglichkeit, Land zurückzuholen – nicht mit politischen Forderungen, nicht mit staatlichen Programmen, sondern indem wir es einfach tun.

Die Zukunft gehört dem, der das Land besitzt. Und wenn wir es besitzen, gehört die Zukunft uns.

12 Das Manifest – Die zehn Gebote der neuen Landbewegung

Jede echte Revolution beginnt mit einer simplen Erkenntnis: **Das alte System wird uns nicht retten.**

Die Politik wird nicht plötzlich weise und vorausschauend handeln.

Die Agrarkonzerne werden nicht auf einmal ein Herz für gesunde Böden entwickeln.

Die Banken werden nicht damit aufhören, Land in eine Ware zu verwandeln.

Das heißt aber nicht, dass wir uns dem Schicksal ergeben müssen.

Es heißt nur, dass wir **unser eigenes System aufbauen müssen**.

Und genau das tun wir jetzt.

Wir warten nicht auf Reformen.
Wir bitten nicht um Erlaubnis.
Wir tun es einfach.

Das hier ist keine Theorie. Es ist keine Utopie. Es ist kein Hirngespinst einer kleinen Minderheit. Es ist der Beginn von etwas Unausweichlichem. Und dieses Manifest ist der Leitfaden für all jene, die sich dem anschließen wollen.

1. DIE ZUKUNFT GEHÖRT DEM LAND – NICHT DER STADT.

Die Städte werden nicht kollabieren, weil irgendein dystopischer Roman es vorhergesagt hat. Sie werden kollabieren, weil sie auf falschen Grundlagen gebaut sind. Sie produzieren nichts, sie ernähren sich selbst nicht, sie hängen am Tropf globaler Lieferketten.

Das Land hingegen kann sich selbst versorgen – **wenn es richtig bewirtschaftet wird**.

2. DIE BÖDEN SIND DAS FUNDAMENT – NICHT DER PROFIT.

Geld kann man drucken, Boden nicht. Alles beginnt mit fruchtbarer Erde. Ohne gesunde Böden gibt es keine Nahrung, kein Wasser, keine stabile Wirtschaft. **Bodengesundheit ist der wahre Wohlstand.**

3. LANDWIRTSCHAFT MUSS WIEDER REGENERATIV WERDEN – ODER SIE WIRD VERSCHWINDEN.

Der Mythos, dass industrielle Landwirtschaft „die Welt ernährt", ist eine der größten Lügen der Mo-

derne. Sie ist eine Sackgasse. Nur eine Landwirtschaft, die Böden aufbaut, Wasser speichert und
Lebensräume erhält, hat eine Zukunft.

4. DIE ECHTE WIRTSCHAFT BEGINNT IM DORF – NICHT AN DER BÖRSE.

Es gibt keine echte Wirtschaft ohne echte Produktion. Und die beginnt nicht in Finanzzentren, sondern in den Regionen, die Nahrung, Wasser, Holz,
Energie und handwerkliche Produkte liefern.

5. GELD MUSS UNABHÄNGIG SEIN – ODER WIR SIND ES NICHT.

Wer vom Staat subventioniert wird, gehört dem
Staat. Wer von Banken finanziert wird, gehört den
Banken. **Wahre Unabhängigkeit beginnt mit un-
abhängigem Geld.**

Bitcoin, Gold und Silber sind mehr als nur Alternativen zu Fiat-Währungen – sie sind die Werkzeuge, mit denen wir das Land zurückkaufen können,
ohne uns in neue Abhängigkeiten zu begeben.

6. WIR BRAUCHEN NEUE NETZWERKE – NICHT NEUE GESETZE.

Wer darauf wartet, dass sich die Rahmenbedin-
gungen ändern, wartet ewig. Gesetze und Verord-
nungen werden von denen gemacht, die das alte
System erhalten wollen. Die Lösung liegt nicht im

politischen Kampf, sondern im Aufbau neuer Strukturen.

Vernetzen wir uns, bauen wir Märkte auf, schaffen wir eigene Kreisläufe.

7. DAS DORF MUSS WIEDER EIN WIRTSCHAFTLICHER ORGANISMUS WERDEN.

Ein Dorf ist kein Museumsdorf. Es ist auch keine romantische Kulisse für Stadtflüchtlinge mit Selbstversorgerträumen. Es ist eine Wirtschaftseinheit. Und Wirtschaft bedeutet: Wertschöpfung.

Das neue Dorf muss Lebensmittel verarbeiten, Produkte herstellen, Dienstleistungen anbieten, sich selbst versorgen.

8. WER DAS LAND BESITZT, BESTIMMT DIE ZUKUNFT.

Es reicht nicht, Landwirtschaft zu unterstützen. Wir müssen das Land zurückkaufen. Jeder Hof, der aus industrieller Bewirtschaftung befreit wird, ist ein Stück Zukunft, das wir zurückgewinnen.

9. WIR HÖREN AUF, UM ERLAUBNIS ZU BITTEN.

Wer ein System verlässt, muss nicht mehr nach seinen Regeln spielen. Wir brauchen keine Subventionen, keine zentralisierte Steuerung, keine Erlaubnis von irgendwem. **Wir brauchen nur funktionierende Strukturen – und den Willen, sie aufzubauen.**

10. ALLES BEGINNT MIT DER ENTSCHEIDUNG.

Niemand wird kommen und uns retten. Niemand wird die perfekte Lösung präsentieren.

Die Revolution beginnt, wenn wir erkennen, dass **wir die Lösung sind**.

Das ist das Manifest der neuen Landbewegung.

Es ist kein Plan, um das Alte zu reparieren.

Es ist kein politisches Programm.

Es ist ein Aufruf zur Tat.

Die neue Wirtschaft wird nicht in Think-Tanks oder Ministerien geplant.

Sie entsteht da draußen – **auf den Höfen, in den Dörfern, in den Regionen, die sich selbst neu erfinden**.

Wir tun das nicht im Geheimen.

Wir tun das nicht mit gesenktem Kopf.

Wir tun das **offen, konsequent und ohne um Erlaubnis zu fragen.**

Denn dieser Staat ist nicht unser Vormund.

Er ist nicht unser Retter.

Er ist nur ein weiteres Unternehmen in einem Rechtssystem – genau wie wir.

Wenn dieser Staat nicht in der Lage ist, die Böden zu schützen, eine funktionierende Wirtschaft zu erhalten oder sein Geld stabil zu halten, dann nehmen wir es selbst in die Hand.

Dies ist keine politische Bewegung.
Es ist eine wirtschaftliche Revolution.

Keine Forderungen.
Kein Warten.
Kein Gejammer.

Wir tun es einfach.

Das Recht auf Widerstand –
Warum wir nicht länger warten

Es gibt diesen einen Artikel im Grundgesetz, den fast niemand zitiert, weil er unbequem ist. **Artikel 20 Absatz 4**:

> *Gegen jeden, der es unternimmt, diese Ordnung zu beseitigen, haben alle Deutschen das Recht zum Widerstand, wenn andere Abhilfe nicht möglich ist.*

Schön und gut. Aber was, wenn es nicht „die Bösen da draußen" sind, die unsere Lebensgrundlagen zerstören, sondern genau jene, die uns angeblich beschützen sollen?

Wenn wir von Widerstand reden, denken viele an brennende Barrikaden, an Revolution auf der Straße, an laute Parolen und Protestmärsche.

Doch Widerstand kann viel grundlegender sein – und viel wirkungsvoller.

Denn Widerstand bedeutet nicht nur, sich gegen etwas zu stellen.

Wirklicher Widerstand bedeutet, das System zu verlassen und etwas Neues aufzubauen.

Und genau das ist jetzt notwendig.

DER STAAT SCHÜTZT UNSERE LEBENSGRUNDLAGEN NICHT – ALSO TUN WIR ES SELBST

Wir reden hier nicht über politische Ideologien oder abstrakte Forderungen. Wir reden über die **Basis unseres Überlebens**:

→ **Boden** – ohne fruchtbaren Boden gibt es keine Nahrung.

→ **Wasser** – ohne gesunde Böden gibt es keine Wasserspeicherung, keine sauberen Quellen, keine stabilen Kreisläufe.

→ **Ernährungssicherheit** – ohne funktionierende, dezentrale Landwirtschaft gibt es nur noch industrielle Nahrung aus Chemiefabriken.

→ **Gemeinschaften** – ohne lebendige Dörfer gibt es keine echten wirtschaftlichen Strukturen mehr, sondern nur noch Abhängigkeit von Großkonzernen und Zentralverwaltungen.

Und was tut dieser Staat, während sich die Böden auflösen, während die letzten unabhängigen Landwirte aufgeben, während immer mehr Menschen in einem kaputten System feststecken?

→ **Er verteilt Subventionen –** aber nicht für Bodenaufbau, sondern für die Fortsetzung genau jener industriellen Landwirtschaft, die das Problem geschaffen hat.
→ **Er setzt auf CO2-Zertifikate –** die keine echte Lösung sind, sondern nur ein weiteres Spekulationsobjekt für Finanzmärkte.
→ **Er reguliert, kontrolliert und behindert –** aber er stellt nicht die einfachen, entscheidenden Fragen: Wie regenerieren wir den Boden? Wie schaffen wir echte, lebendige Wirtschaftskreisläufe?

Wer die eigene Lebensgrundlage zerstört, verliert sein Recht auf Gehorsam.

Und genau deshalb nehmen wir unser **Recht auf Widerstand** in Anspruch.

DER STAAT WIRD EUCH NICHT ANGREIFEN – ER WIRD EUCH ERSTICKEN

Widerstand wird nicht durch Panzer oder Polizeiknüppel gebrochen. Er wird durch Formulare, Regularien und „Notwendigkeiten" zermürbt. Es braucht keine Revolution, wenn man die Gegner einfach in Bürokratie versenken kann. Ein paar geschickte Paragraphen, ein paar strategische Debatten – und schon geht keine Bewegung mehr voran.

Beispiel gefällig? **Die Basis-Partei.** Gegründet von Idealisten, die das System herausfordern wollten. Was ist passiert? Sitzungen über Sitzungen. Endlose Diskussionen über Finanzierungsrichtlinien, Vereinsrecht, Compliance. Wer einst gegen das System kämpfte, sitzt nun selbst in endlosen Verwaltungsdebatten fest. Kein Fortschritt, keine Veränderung – nur Bürokratie. Genau so zerstört man Bewegungen, die zu groß oder zu gefährlich werden.

Deshalb gilt: **Macht euer Ding, aber lasst euch nicht einfangen!**

Gründet Unternehmen – aber richtig!
→ **So wenig Kontakt mit dem Staat wie möglich**
  – Wenn ihr nicht müsst, lasst euch gar nicht erst registrieren. Wo es geht, bleibt unsichtbar.

→ **Kein zentraler Angriffspunkt** – Große Strukturen sind angreifbar. Dezentralität ist der Schlüssel. Mehrere kleine Betriebe statt einer großen Organisation.

→ **Kein Verwaltungsballast** – Wer für ein Projekt mehr Zeit im Büro als auf dem Feld verbringt, macht etwas falsch.

→ **Verkauft direkt!** Keine Zwischenhändler, keine staatlichen Siegel, keine unnötigen Bürokratie-Kosten.

→ **Lasst euch nicht unterwandern!** Die einfachste Art, eine Bewegung lahmzulegen, ist es, sie mit Bürokraten und Bedenkenträgern zu infiltrieren.

DIE ZUKUNFT IST LOKAL – ODER GAR NICHT

Wenn rund um regenerative Betriebe neue Wirtschaftsstrukturen entstehen – Handwerker, Verarbeiter, Händler – dann wächst daraus eine echte Alternative. Keine Protestbewegung, keine politischen Debatten, sondern einfach gelebte, wirtschaftliche Unabhängigkeit.

Wer kontrolliert, was Menschen essen, kontrolliert die Menschen. Wer die Produktionsmittel kontrolliert, kontrolliert die Wirtschaft. Also nehmt euch beides zurück.

Baut auf. Werdet unabhängig. Und lasst euch nicht einfangen.

WIDERSTAND HEISST:
DAS SYSTEM ÜBERFLÜSSIG MACHEN

Wir gehen nicht auf die Straße, um gegen ein System zu demonstrieren, das uns längst aufgegeben hat.

Wir gehen auf die Felder, in die Dörfer, zu den Landwirten – und bauen eine neue Realität auf.

→ **Wir akzeptieren keine Subventionen, die uns abhängig machen.**

→ **Wir lassen uns nicht auf CO_2-Zertifikate reduzieren, die nur Banken und Bürokraten bereichern.**

→ **Wir setzen nicht auf Reformen, sondern auf echte, funktionierende Kreisläufe.**

Und wir tun das nicht aus Trotz, nicht aus blindem Idealismus, sondern weil es **die einzige echte Lösung ist**.

Denn dieser Staat ist nicht unser Vormund.
Dieser Staat ist nicht unser Retter.

Dieser Staat ist **nur ein weiterer Rechtsteilnehmer in unserem Rechtssystem – genau wie wir.**

Und wenn dieser Staat versagt, dann nehmen wir unser **Recht und unsere Pflicht auf Widerstand wahr.**

Nicht mit Gewalt.

Nicht mit Protestmärschen.

Sondern mit fruchtbarem Boden, mit regenerativen Höfen, mit lebendigen, freien Dörfern.

Denn echte Revolutionen beginnen nicht in Parlamenten. Sie beginnen dort, wo Menschen sich entschließen, ihre Zukunft selbst in die Hand zu nehmen.

Willkommen im Widerstand.
Willkommen in der neuen Landwirtschaft.

Der große Aufbruch 13

Es gibt diesen Moment, wenn ein Mensch erkennt, dass er etwas ändern will.

Manchmal kommt er schleichend, als dumpfes Gefühl im Alltagstrott. Manchmal trifft er einen wie ein Schlag – ein Ereignis, eine Krise, ein Augenöffner.

Aber wenn er kommt, ist nichts mehr wie vorher.

Es ist der Moment, in dem du begreifst, dass das Leben, das du führst, nicht das Leben ist, das du führen könntest. Oder wolltest. Dass die Sicherheit, an die du geglaubt hast, eine Illusion war. Dass das System, in das du hineingeboren wurdest, nicht für dich gemacht ist – sondern für seine eigenen Zwecke.

Und dann?

Dann gibt es zwei Möglichkeiten.

Entweder du verdrängst es.

Oder du handelst.

Warum genau jetzt die Zeit ist, zu gehen

Die Städte stehen noch. Die Supermärkte sind gefüllt. Die Banken funktionieren. Noch.

Doch wenn die letzten Jahre eines gezeigt haben, dann dies: **Das Fundament wackelt.**

Noch nie war unser Lebensstil so fragil wie heute.

Noch nie waren wir so abhängig von Lieferketten, Politik und Finanzmärkten.

Noch nie war der Abstand zwischen dem echten Leben – Nahrung, Boden, Gemeinschaft – und dem, was uns als „Zukunft" verkauft wird, so absurd groß.

Und währenddessen spitzt sich die Lage weltweit zu.

Wirtschaftskriege, Sanktionen, geopolitische Machtspiele.

Staaten, die ihre Bürger immer stärker kontrollieren, während sie selbst die Kontrolle verlieren.

Konflikte, die nicht mehr nur mit Waffen, sondern mit Energie, mit Währungen, mit Nahrungsmitteln geführt werden.

Es ist egal, wer gegen wen kämpft – am Ende trifft es immer die Menschen, die sich auf das System verlassen haben.

Und wer sich jetzt noch darauf verlässt, dass die Versorgung stabil bleibt, dass Banken immer funktionieren, dass Krisen nur andere Länder betreffen, **der hat die Zeichen der Zeit nicht erkannt.**

Noch ist Zeit zu handeln.

Doch wer zu lange wartet, wird irgendwann nicht mehr entscheiden können.

Die Stadt wird dich nicht vermissen – aber das Land braucht dich.

Jede Stadt ist austauschbar. Ob du in Berlin, Paris oder Madrid lebst – es macht keinen Unterschied.

Die gleichen Betonwüsten, die gleichen Filialen, die gleichen sterilen Glasfassaden. Die gleiche Massenmenschenhaltung.

Aber da draußen, auf dem Land, in den Dörfern, die wiederbelebt werden müssen – **da zählt jeder Einzelne.**

Das neue Dorf braucht Menschen, die anpacken.

Menschen, die nicht nur zuschauen, sondern etwas aufbauen.

Menschen, die mit den Landwirten arbeiten, nicht als Konsumenten, sondern als Teil eines lebendigen Netzwerks.

Es braucht Handwerker, Bäcker, Metzger, Ingenieure, Designer, Händler, Lehrer.

Es braucht Programmierer, Mechaniker, Mediziner, Heilpraktiker, Architekten, Wirte.

Es braucht Menschen, die verstehen, dass sie nicht für eine Firma, sondern für eine Gemeinschaft arbeiten können.

Und genau deshalb ist die Rückkehr aufs Land kein Rückzug – **sondern der Schritt in eine Zukunft, die du selbst mitgestalten kannst**.

Vergiss Utopien – fang einfach an.

Viele Menschen träumen von der perfekten Lösung. Der perfekten Gemeinschaft. Der perfekten Farm. Der perfekten Vision einer neuen Welt.

Doch Perfektion ist eine Falle.

Sie ist die beste Ausrede, um nichts zu tun.

Es wird niemals den perfekten Zeitpunkt geben.

Es wird niemals den perfekten Ort geben.

Es wird niemals den perfekten Plan geben.

Aber es gibt immer den ersten Schritt.

Ein regenerativer Hof beginnt mit der Entscheidung, den Boden nicht mehr auszubeuten.

Eine funktionierende Dorfgemeinschaft beginnt mit Menschen, die bereit sind, sich einzubringen.

Ein neues Wirtschaftssystem beginnt mit dem ersten Bauernmarkt, der ohne Zwischenhändler auskommt.

Also fang an. Nicht irgendwann. Nicht „wenn die Bedingungen besser sind".

Jetzt.

Es ist nicht mehr die Zeit, um zu diskutieren.

Wir haben über Jahrzehnte diskutiert. Über Landwirtschaft. Über Subventionen. Über Klimapolitik. Über die Zukunft der Ernährung.

Und währenddessen ist das Land weiter verödet.

Die Böden sind weiter zerstört worden.

Die Dörfer sind weiter ausgestorben.

Die Städte sind weiter explodiert.

Es reicht.

Wir wissen, was falsch läuft.

Wir wissen, was wir tun müssen.

Die Zeit der Worte ist vorbei.

Jetzt ist die Zeit der Taten.

Es gibt keine Zentralplanung für den Neuanfang.

Niemand wird eine große, zentrale Bewegung ausrufen. Kein Politiker wird das Gesetz verabschieden, das alles regelt. Kein Unternehmen wird plötzlich erkennen, dass es die Welt retten sollte.

Und das ist gut so.

Denn das bedeutet: **Jeder kann beginnen, wo er ist.**

Ein Hof stellt auf regenerative Weidehaltung um.

Ein Dorf kauft eine alte Mühle und verarbeitet sein eigenes Getreide.

Ein Metzger fängt an, mit regenerativen Bauern zu arbeiten.

Ein Marktplatz entsteht, auf dem Geld direkt an die Produzenten fließt, statt durch zehn Hände zu gehen.

Jeder dieser Schritte ist ein Mosaikstein.

Zusammen ergibt sich das Bild einer neuen Wirtschaft – einer echten Wirtschaft.

Die neue Welt entsteht nicht durch Proteste, sondern durch Alternativen.

Die alten Systeme werden sich nicht freiwillig auflösen.

Die Industrien werden nicht einfach verschwinden.

Die Bürokratien werden nicht plötzlich Platz machen für echte Selbstbestimmung.

Doch das macht nichts.

Denn es reicht, wenn wir **ihnen die Grundlage entziehen**.

Kein Mensch muss gegen Supermärkte demonstrieren – **es reicht, wenn wir direkt vom Bauern kaufen**.

Kein Mensch muss gegen Subventionen kämpfen – **es reicht, wenn wir Betriebe unterstützen, die ohne sie auskommen**.

Kein Mensch muss gegen CO_2-Zertifikate protestieren – **es reicht, wenn wir mit regenerativen Landwirten wirtschaften, die echte Böden aufbauen**.

Das System braucht uns.

Wir brauchen das System nicht.

Alles, was jetzt noch fehlt, ist deine Entscheidung.

Niemand wird dir sagen, was du tun sollst.

Niemand wird dich an die Hand nehmen und den perfekten Weg vorgeben.

Aber eines ist klar:

Die Zukunft ist nicht dort, wo du gerade bist.

Die Zukunft ist dort, wo Menschen beginnen, **sie selbst aufzubauen**.

Das alte System wird weiterlaufen, bis es sich selbst zerstört.

Doch wir haben keine Zeit zu warten.

Denn während sie noch versuchen, das Unrettbare zu retten, schaffen wir bereits das, was danach kommt.

Jetzt ist der Moment, den ersten Schritt zu machen.

Nicht irgendwann. Nicht später.

Jetzt.

Epilog – Warum wir das tun

Es gibt Dinge, die man erst begreift, wenn man sie mit eigenen Augen sieht.

Man kann noch so viele Berichte lesen, noch so viele Statistiken wälzen – am Ende gibt es nur einen Weg, um wirklich zu verstehen, was auf dem Land passiert: **Man muss dort hinfahren.**

Und genau das haben wir getan.

Vier Jahre lang.

Durch ganz Europa, quer durch die unterschiedlichsten Regionen, immer dorthin, wo die Entscheidungen über die Zukunft nicht in Konferenzräumen getroffen werden, sondern auf dem Feld, im Stall, in den Dörfern, die langsam aus den Landkarten verschwinden.

Wir haben mit Bauern gesprochen, die seit Generationen mit der Erde arbeiten. Wir haben uns Böden angeschaut, die tot waren – und Böden, die wieder lebendig wurden. Wir haben uns die Hände schmutzig gemacht, den Gestank der Massentierhaltung eingeatmet, die Schönheit regenerativer Weiden gesehen, die Verzweiflung von Landwirten erlebt, die nicht mehr wussten, wie sie ihren Hof über die nächste Saison retten sollen.

Und irgendwann, nach all diesen Gesprächen, all diesen Eindrücken, all diesen Kilometern auf staubigen Straßen, war es unmöglich, es nicht zu sehen:

Das eigentliche Problem ist nicht das Wetter. Es ist nicht die Technik. Es ist nicht fehlendes Wissen.

Das Problem ist das System.

Ein System, das Landwirte nicht unterstützt, sondern sie in eine Tretmühle aus Subventionen und Vorschriften zwingt.

Ein System, das Bauern nicht freier macht, sondern abhängiger.

Ein System, das nicht den Boden schützt, sondern ihn zerstört – weil es wirtschaftlich mehr Sinn ergibt, kurzfristige Erträge zu maximieren, als langfristig Fruchtbarkeit aufzubauen.

Und dann war da noch eine zweite Erkenntnis. Eine, die vielleicht noch größer ist als die erste:

Wo keine Menschen sind, da stirbt der Boden.

Jede Region, die wir besucht haben, erzählte die gleiche Geschichte.

Erst gingen die Menschen. Dann verarmten die Böden. Dann kamen die staatlichen Programme, die mit noch mehr Bürokratie versuchten, das zu reparieren, was sie zuvor selbst zerstört hatten.

Verlassene Dörfer = tote Erde.

Lebendige Dörfer = fruchtbare Böden.

So einfach ist das.

Die größte Herausforderung unserer Zeit – und die größte Ignoranz

Es gibt viele Krisen, über die ständig geredet wird.

Aber keine davon ist so existenziell – und gleichzeitig so ignoriert – **wie die Zerstörung unseres Bodens.**

Denn wenn der Boden stirbt, dann stirbt alles.

Dann gibt es keine Landwirtschaft mehr.

Dann gibt es keine Nahrung mehr.

Dann gibt es keine funktionierende Gesellschaft mehr.

Und was tut dieser Staat?

Er macht ein paar Kampagnen. Er setzt irgendwelche Nachhaltigkeitsziele für das Jahr 2050. Er verteilt Subventionen, die nicht helfen, sondern nur neue Abhängigkeiten schaffen. Und währenddessen erodieren die Böden weiter.

Jede Hochkultur vor uns ist daran zugrunde gegangen, dass sie ihre Böden zerstört hat.

Und was tun wir?

Genau dasselbe – nur dieses Mal mit Excel-Tabellen und im globalen Maßstab.

Warum wir es selbst in die Hand nehmen müssen

Wir haben lange überlegt, ob es nicht doch einen Weg gibt, das bestehende System zu verändern.

Doch irgendwann wurde uns klar: **Es gibt keinen.**

Denn das Problem ist nicht, dass die Verantwortlichen nichts wissen.

Das Problem ist, dass sie es nicht wissen wollen.

Wir könnten noch 20 Jahre auf Reformen warten. Wir könnten darauf hoffen, dass irgendwann ein Politiker aufwacht und sagt: „Oh, Moment mal, vielleicht sollten wir doch etwas für die Böden tun, statt nur Agrarkonzerne zu subventionieren."

Aber wir wissen, dass das nicht passieren wird.

Und deshalb bleibt uns nur eine Option:

Wir tun es selbst.

Wir bauen das auf, was dieser Staat nicht mehr aufbauen kann.

Wir regenerieren die Böden, die er ignoriert.

Wir holen das Land zurück, das er an Investoren verscherbelt.

Wir schaffen Strukturen, die auf echter Wertschöpfung basieren, nicht auf Subventionen und Planwirtschaft.

Und genau deshalb gibt es **soilify**.
Deshalb gibt es **How to HOCHKULTUR**.
Deshalb gibt es dieses Buch.

Weil wir keine Zeit mehr haben, darauf zu warten, dass irgendjemand es für uns regelt.

Die Entscheidung liegt bei uns.

Jede Epoche hat ihren Wendepunkt.
Den Moment, an dem die Karten neu gemischt werden.
Und genau in diesem Moment befinden wir uns jetzt.
Entweder wir bleiben im Alten – und gehen mit ihm unter.
Oder wir steigen aus – und bauen das Neue.

Wir haben uns entschieden.
Raus hier!

Anhang:
Dein Werkzeugkasten
für den Neuanfang

Es ist alles da.

Das Wissen. Die Methoden. Die Menschen, die es bereits tun.

Jetzt geht es nur noch darum, dich **zu vernetzen und loszulegen**.

Dieser Anhang ist dein Kompass – keine abschließende Liste, kein festgelegter Plan, sondern eine Sammlung von Ressourcen, Orten und Möglichkeiten, die dir helfen, deinen eigenen Weg in die neue Landwirtschaft und das neue Dorfleben zu finden.

1. Wo du dich weiter informieren kannst

BÜCHER, WEBSITES, RESSOURCEN ZUR REGENERATIVEN LANDWIRTSCHAFT, BITCOIN & ALTERNATIVE FINANZSTRUKTUREN

BÜCHER ÜBER REGENERATIVE LANDWIRTSCHAFT & HOLISTIC MANAGEMENT:

Will Harris: *A Bold Return to Giving a Damn* – Die Geschichte von White Oak Pastures.

Joel Salatin: *Folks, This Ain't Normal* – Warum unser modernes Ernährungssystem verrückt ist und wie man es ändern kann.

Allan Savory: *Holistic Management* – Das Standardwerk zur regenerativen Weidehaltung.

David R. Montgomery: *Dirt: The Erosion of Civilizations* – Warum Hochkulturen untergehen, wenn sie ihre Böden zerstören.

WEBSITES & NETZWERKE ZUR REGENERATIVEN LANDWIRTSCHAFT:

Soilify.org – Verzeichnis regenerativer Landwirte in Europa, Hintergrundwissen, Praxisberichte.

Hochkultur.org – Plattform für dezentrale, freiheitliche Lebensweisen und wirtschaftliche Strukturen.

Savory.global – Internationales Netzwerk für Holistic Management und Weidewirtschaft.

Regenerative Agriculture Podcast – Tiefgehende Interviews mit Pionieren der regenerativen Landwirtschaft von und mit John Kempf.

BITCOIN & ALTERNATIVE FINANZSTRUKTUREN:

„Neues Geld für eine freie Welt" – Benjamin Mudlack

„Der Bitcoin-Standard" – Saifedean Ammous

bitcoin.org – Grundlagen für den Einstieg

Blocktrainer (YouTube) – Tutorials für Anfänger und Fortgeschrittene

hodlhodl.com – Peer-to-Peer-Marktplatz für Bitcoin

2. Das Soilify-Verzeichnis – Finde regenerative Landwirte in deiner Region

Die wichtigste Ressource ist nicht ein Buch oder eine Website – **es sind die Menschen, die es bereits tun**.

Soilify.org bietet ein wachsendes Verzeichnis regenerativ wirtschaftender Landwirte in ganz Europa.

Hier kannst du:

→ Landwirte in deiner Region finden, die nach regenerativen Prinzipien arbeiten.
→ Direkt von ihnen kaufen – ohne Zwischenhändler, ohne Konzerne.
→ Mithelfen, lernen, Erfahrungen sammeln – von echten Profis.
→ Dich mit anderen vernetzen, die ebenfalls Teil des neuen Systems sein wollen.

Das ist der schnellste Weg, um **echten Kontakt zur neuen Landwirtschaft zu bekommen**.

3. Raus hier – der Film

Der Dokumentarfilm, der zeigt,
dass eine neue Realität möglich ist.

Seit vier Jahren arbeiten wir an diesem Film:
Wir haben unzählige Höfe besucht, Bodenprofile gefilmt, Pioniere des Wandels begleitet – quer durch Europa.

Jetzt gehen wir den nächsten Schritt:
Mit einer Reise in die USA wollen wir zeigen, wie regenerative Landwirtschaft ganze Regionen verändert – dezentral, resilient, frei.

Raus hier – der Film wird das visuelle Herzstück dieser Bewegung: Buch, Podcast und Film greifen ineinander, um eine neue Geschichte zu erzählen. Eine Geschichte von gesunden Böden, gesundem Geld und einer Gesellschaft, die auf Freiheit statt Zwang basiert.

Mehr Infos und Möglichkeit zur Unterstützung findest du auf hochkultur.org

4. Praktische erste Schritte – Wie du beginnst

Vielleicht weißt du jetzt: **Ja, ich will da raus.**

Aber wo fängt man an?

Hier ein paar Wege, die funktionieren:

→ Finde einen regenerativen Hof in deiner Nähe und besuche ihn.

→ Arbeite mit – ein Wochenende, eine Woche, so lange du willst.

→ Lerne direkt von den Landwirten, die es bereits tun.

→ Unterstütze ihre Arbeit – durch Kauf, durch Netzwerk, durch Beteiligung.

→ Bau mit anderen die Infrastruktur auf, die fehlt – vom Metzger bis zur Markthalle.

→ Finde Gleichgesinnte.

Und das Wichtigste:

Tu es einfach.

Du musst nicht alles perfekt planen.

Du musst nicht auf „den richtigen Moment" warten.

Denn der richtige Moment ist **jetzt**.

5. Der letzte Satz
dieses Buches

Es gibt diesen Moment, wenn du weißt, dass du eine Entscheidung treffen musst.
Dieser Moment ist jetzt.
Die Welt, in der du leben willst, wird nicht von anderen gebaut.
Sie wird von denen gebaut, die aufhören zu warten.
Die Frage ist nicht, ob es funktioniert.
Die Frage ist nur, **wann du anfängst**.

Let's fucking go!

Die How to HOCHKULTUR Buchreihe –
Dein Kompass zur Freiheit

Die How to HOCHKULTUR-Buchreihe ist mehr als eine Sammlung von Schriften – sie ist ein Weckruf für alle, die sich aus den Fesseln des alten Systems befreien und eine neue, selbstbestimmte Welt erschaffen wollen. Hier geht es nicht um bloße Theorie, sondern um konkrete Strategien, um Wissen, das sich in der Praxis bewährt hat, um eine Blaupause für eine Hochkultur, die auf Freiheit, Eigenverantwortung und dezentralen Strukturen basiert.

Jedes Buch widmet sich einem essenziellen Grundpfeiler der Unabhängigkeit: Selbstbestimmung, Exit-Strategien, Bitcoin und dem Aufbau von Parallelstrukturen. Wer sie liest, wird nicht nur verstehen, warum das alte System zum Scheitern verurteilt ist, sondern auch, welche konkreten Schritte nötig sind, um sich daraus zu lösen – und warum jetzt der richtige Moment ist, aktiv zu werden.

Freiheit Next Level – Warum die Welt Freiheit braucht

Dieses Buch ist der ideale Einstieg in die Denkweise der Hochkultur. Es zeigt, dass Freiheit nicht nur Abwesenheit von Zwang ist, sondern eine bewusste Entscheidung für Eigenverantwortung. Staatliche Strukturen garantieren keine Freiheit – sie stehen ihr im Weg.

Wer dieses Buch liest, versteht, warum langfristiges Denken Wohlstand und Souveränität schafft, warum Alternativen zum Staat notwendig sind – und wie man selbst daran mitwirken kann.

Freiheit bedeutet, niemanden um Erlaubnis fragen zu müssen.

Raus hier! – Exit-Strategien aus der Fiat-Welt

Wer erkannt hat, dass das System nicht reformierbar ist, muss sich daraus lösen. Dieses Buch zeigt, wie das geht.

Es liefert praktische Exit-Strategien zu Finanzen, Leben und Infrastruktur: Bitcoin, Gold, produktive Assets, Freie

Warte nicht auf Reformen. Raus hier – jetzt.

Privatstädte, steuerfreie Zonen und der Aufbau echter Alternativen.

Für alle, die nicht nur reden, sondern handeln wollen.

Exit Fiat – Mit Bitcoin zu einer neuen Hochkultur

Bitcoin ist nicht nur Geld. Es ist der Schlüssel zur Freiheit.

Die Fiat-Welt bricht zusammen – was kommt danach? Dieses Buch zeigt, warum Bitcoin mehr ist als eine Währung: Es ist die Basis einer neuen Gesellschaftsordnung.

Hier erfährst du, warum Fiat-Geld zwangsläufig scheitert, wie Bitcoin eine deflationäre Wirtschaft ermöglicht und welche Rolle es in regenerativer Landwirtschaft und echter Unabhängigkeit spielt.

Für alle, die Bitcoin nicht nur besitzen, sondern seine tiefere Bedeutung verstehen wollen.

Befreit euch! – Der Weg in eine Welt ohne Staat

Befreit euch! ist mehr als ein Buch – es ist ein Weckruf, ein poetisches Manifest für radikale Freiheit. Es zeigt, dass unsere Ketten nicht aus Stahl, sondern aus Glaubenssätzen, Ängsten und Gewohnheiten bestehen.

Dieses Werk verbindet libertäre Gedanken mit einer spirituellen Wahrheit: Freiheit beginnt im Kopf. Befreiung geschieht nicht durch politische Kämpfe, sondern durch die Erkenntnis, dass wir nie wirklich gefangen waren.

Ein Buch für Rebellen, Freigeister und alle, die die alte Welt hinter sich lassen und das Leben in seiner ganzen Fülle erfahren wollen.

Niemand wird dich retten. Also rette dich selbst.

Die Hochkultur beginnt jetzt. Diese Bücher sind keine bloße Theorie, sondern eine Anleitung für eine neue, dezentral organisierte Welt. Sie bieten das Wissen, die Strategien und das Mindset, um sich aus dem alten System zu lösen und Teil einer echten Renaissance der Freiheit zu werden.

Jeder kann mitmachen. Jeder kann seinen Beitrag leisten. Die Hochkultur gehört denen, die sie aufbauen.

ÜBER HOW TO HOCHKULTUR

How to HOCHKULTUR steht für radikale Selbstbestimmung. Für ein Leben jenseits von staatlicher Kontrolle, jenseits von Abhängigkeiten, jenseits eines Systems, das seinen eigenen Zerfall nur noch mit Subventionen und Vorschriften hinauszögert.

Dieses Buch ist keine Utopie, sondern eine Einladung, den System-Exit konsequent zu gehen – mit Boden, Bitcoin und echter Unabhängigkeit. Nicht irgendwann, nicht theoretisch, sondern jetzt.

Wir glauben an Eigentum statt Erlaubnis. An freie Märkte statt Bürokratie. An dezentrale Netzwerke statt zentralisierte Macht.

Wenn du das auch glaubst, dann bist du hier richtig.

www.hochkultur.org